Anastasius Grün

Spaziergänge eines Wiener Poeten

Anastasius Grün

Spaziergänge eines Wiener Poeten

ISBN/EAN: 9783743698215

Hergestellt in Europa, USA, Kanada, Australien, Japan

Cover: Foto ©Thomas Meinert / pixelio.de

Weitere Bücher finden Sie auf **www.hansebooks.com**

Spaziergänge

eines

Wiener Poeten

von

Anastasius Grün.

Neunte Auflage.

Berlin,
G. Grote'sche Verlagsbuchhandlung.
1877.

Druck von B. G. Teubner in Leipzig.

Vorwort zur achten Auflage.

Es sind nur wenige Wochen verstrichen, daß die siebente Auflage des vorliegenden Buches erschienen und schon eine achte nothwendig geworden ist.

Alle Auflagen sind gleichlautend, von der siebenten ab hat jedoch der Dichter ein Widmungsgedicht vorangestellt, ohne denjenigen zu nennen, an den er es gerichtet hat.

Er äußerte wiederholt in seiner Familie, wie sehr er sich dem Momente entgegenfreue, um dem Manne, dem er das Buch als einem Gesinnungsgenossen zugedacht habe, es zu überreichen.

Der Dichter sollte den ihm angenehmen Augenblick nicht erleben.

Bald nach dem Erscheinen des Buches wurden Fragen und auseinandergehende Auskünfte laut, wem die Ehre der Widmung gebühre?

Mit der geistigen Obsorge der Werke von Anastasius Grün und der Abfassung seiner Biographie nach Familienpapieren von der Witwe des Dichters betraut, kann ich in Folge ihrer

Mittheilung und um ein ehrenvolles Recht zur Geltung zu bringen, bekannt geben, daß die Widmung dem Neffen des hingeschiedenen Dichters, dem Dr. der Philosophie und der Rechte, Ignaz Grafen von Attems, vom Dichter zugedacht war.

Wien, November 1876.

Ludw. Aug. Frankl.

Einem jungen Freunde.

Noch als ein junges Bürschlein zog
Dein Vater, — jetzt in Silberhaaren, —
Als dieses Liederbuch vor Jahren
Zum erstenmal ins Weite flog.
Das klang wie Schwertschlag auf den Schild,
Da, aus dem Schlummer aufgerüttelt,
Hat Mancher arg das Haupt geschüttelt:
„Wie weit voraus, wie rasch und wild!"

Du bist so jung, wie damals wir,
Dein Antlitz blüht, dein Aug' ist helle;
Heut schwingt mein Lied an deiner Schwelle
In neuem Kleid sein alt Panier.
Das rauscht dir fremd und wundersam;
Die Blätter seh' ich dich durchfliegen,
Dein freundlich Haupt bedenklich wiegen:
„Wie weit zurück, wie mild und zahm!"

VIII

Ich blick' ins Aug' dem eignen Lied:
Ach, wie die Zeit in stillem Gange
Auch Liedern bleicht Gelock' und Wange
Und Furchen in ihr Antlitz zieht!
Fremd sieht's mich an und doch vertraut,
Ein Kind, das längst zum Manne reifte
Und eignen Pfad's die Welt durchschweifte,
Doch trägt's des Vaters Zug und Laut.

Und Beßres noch! Im Busen tief,
Was heute dich und mich vereine:
Den deutschen Herzschlag, wie der deine,
Den Morgenruf, den einst es rief,
Den Glauben an des Geistes Hort,
Zu neuen Flammen alte Liebe,
Zu neuem Kampf die alten Hiebe,
In Lust und Weh ein Manneswort!

Das deutsche Wort auf Oestreichs Mund,
Die deutsche That in Oestreichs Herzen!
So wird es leis und lind verschmerzen,
Wovon ihm noch die Seele wund.
Was hilft's, daß Geister wir gebannt
Und edle Schatten jetzt verschrieben?
Zu spät! Nur Schatten sind's! Wo blieben
Theresens Blick und Joseph's Hand?

Nicht was da badert, salbt und kerbt
Im Tagwerk heut, schließt alte Wunden
Und macht das kranke Blut gesunden
Vom Ahn auf Enkelreihn vererbt;

Nicht das Gewürm, das heut uns sticht,
Die flatt'rer nicht um unsre Zinnen,
Jahrhunderte voll Mühsal spinnen
Der Völker Loos und letzt Gericht.

Aus ihren Schleiern läßt die Zeit
Im Fürstenkreis ein Mönchbild ragen,
Zu Worms sein mahnend Wort zu sagen:
„Nur Heil dem Geiste, der befreit!"
Weit leuchtend in des Sehers Hand
Ein funkelnd Kleinod seh' ich blinken,
Wie einer Krone goldne Zinken,
Der jenes Wort umsäumt den Rand.

Die alte Römerkron' ist's nicht,
Der Schmuck und Sold in röm'scher Frohne,
Nein, Deutschlands stolze Zukunftskrone,
Die eignem Sieg das Volk einst flicht! —
Ein Deutsch, wie jenes Mahnwort spricht,
Der span'sche Carl hat's nicht verstanden,
Nicht Andre, die nach ihm sich fanden,
Ihr Enkel trägt die Krone nicht.

Wir kämpften nicht den heil'gen Krieg,
Ein schöner Kranz blieb uns entzogen;
Doch rauscht' auch uns in Freudenwogen
Durchs deutsche Herz der deutsche Sieg.
Auch unser blieb, was er errang,
Die Sterne, deren Licht uns lenke,
Die Quellen, deren Born uns tränke,
In hellerm Glanz, in vollerm Klang!

— X —

Das Schwert durchschnitt das Tischtuch leicht,
Ein schmollend Brüderpaar zu scheiden;
Den Marmortisch kann's nicht durchschneiden,
Darüber sich's die Hand gereicht.
Nicht unterm Grenzstein gräbst du ein
Das schöne Heim, das du besessen,
Wie ihrer Wiege längst vergessen
Die stille Muschel dort im Schrein.

Die Muschel dort? Was sie verlor,
Ob sie vergaß der frühern Tage?
Ei, frag sie selbst, daß sie dir's sage!
Die Schnecke hielt ich an mein Ohr,
Da wallt's heran aus fernen weit,
Ich hör' es branden, orgeln, sausen,
Und mich umrauscht im Wogenbrausen
Des Weltmeers ganze Herrlichkeit.

Im März 1876.

Spaziergänge

eines

Wiener Poeten.

1830 — 1832.

Auf! gewalt'ges Oesterreich!
Vorwärts! thu's den andern gleich!
Vorwärts!
      Uhland.

An Ludwig Uhland.

Für ein Volk, getreu und bieder,
Für ein schönes, freies Recht
Kämpften heiß einst deine Lieder,
Kühn, wie Helden im Gefecht.

Wem der Sieg durch Waffen glückte,
Nicht allein sei Held genannt!
Jüngst an deinem Herde drückte
Mir wohl auch ein Held die Hand.

Jeder ficht mit eigner Wehre,
Priester kämpft mit dem Brevier,
Krieger mit dem Schwert und Speere,
Mit Gesang und Reimen wir.

Drum sind dir nicht fremd die Lieder,
Die ich sang von grünen Höh'n,
Für ein Volk, das treu und bieder,
Für ein Recht, das frei und schön!

Berge sind emporgeschwollen,
Tausend Bäch' und Ströme ziehn,
Land und Fluten endlos rollen
Zwischen mir und dir dahin!

In des Waldes grünen Gängen
Las manch zarten Zweig ich aus,
Manche Ros' auf Alpenhängen,
Und ein Kränzlein wand ich draus.

Gern mit liebevollen Händen
Bänd' ich's fest an einen Pfeil,
Durch die Luft ihn dir zu senden!
Doch so weit fliegt selbst kein Pfeil.

Einer Taube wollt' ich's schlingen
Um das weiße Hälschen gern;
Doch bald sänken ihr die Schwingen,
Denn das Ziel ist allzufern!

Und von Ungeduld ergriffen
Schleudr' ich's selber durch die Luft!
Leicht zu dir hin seh ich's schiffen
Ueber Strom, Gebirg und Kluft! — —

Sieh, es kehrt' ein Sieger wieder
Heim bei stiller Abendruh',
Bald die müden Augenlider
Schloß ihm süßer Schlummer zu.

Doch des Morgens drauf, erwachend,
Einen Kranz er vor sich fand
Grün und duftig, frisch und lachend,
Wie von unsichtbarer Hand!

Als er lauscht, sein Haupt erhebend,
Flöt' und Saitenspiel begann,
Unsichtbarem Ort' entschwebend,
Süß und lieblich, himmelan!

Wer solch Fest von all den Lieben
Ihm ersann, nicht ahnt er's zwar;
Doch ins Herz ihm ist's geschrieben:
Daß es wohl die Liebe war. --

So auch hörst Gesang du schallen,
Kennst doch nicht den Mund, der singt;
Siehst den Kranz auch niederfallen,
Doch die Hand nicht, die ihn bringt;

Ahnst aus allen, die dich lieben,
Leise kaum den Rechten zwar;
Doch ins Herz dir ist's geschrieben:
Daß gewiß die Lieb' es war'

Wien, im Frühling 1831.

Spaziergänge.

Aus der dumpfen Siechenstube nach den frischen grünen Hainen
Läßt der Kranke gern sich leiten von den liebevollen Seinen,
Daß er dort ins Gras sich lagre, Kraft und neuen Glanz sein Auge
Seine Seele Muth und Hoffnung aus dem Grün der Wiesen sauge.

Aus dem Finstern an die Sonne wird geführt der arme Blinde,
Ach, daß nur ein Funke Lichtes Zugang in sein Dunkel finde!
Die versiegten Augenhöhlen glühen dann gleich Flammenbronnen,
Wie zwei runde Purpurrosen, wie zwei große rothe Sonnen.

Wenn der Wächter dem Gefangnen einen Festtag will bereiten,
Aus dem Kerker auf ein Stündchen läßt er an die Luft ihn schreiten,
Daß er seh', wie sie der Freiheit auf der Welt viel Raum noch gönnen,
Da die Wolken frei noch segeln, frei die Vögel singen können!

Also bin auch ich gestiegen auf der Hügel sonn'ge Rücken,
Wenn's wie Nacht der Blindheit unten dunkelte vor meinen Blicken,
Also sucht' ich freie Bergluft, wenn ich Kerkerluft gewittert,
Und das Grün, der Hoffnung Farbe, wenn mein Herz krank
                                 und zersplittert.

In der Stadt, darin ich wohne, gibt's viel Klöster und Kasernen,
Ries'ge Akten-Arsenale, Dome ragend zu den Sternen,
Und dazwischen kleine Männlein, rufend im Triumphestone:
Seht, wir sind die Weltregierer, wir mit Canon und Kanone!

So geschieht's denn, daß die Glocken brüllen allzugrell bisweilen,
Daß zu stark die Einen trommeln, und zu laut die Andern heulen,
Daß der Dampf der Weihrauchfässer allzudick die Luft verhülle;
O dann such' ich auf den Bergen Licht und frische Luft und Stille.

So läßt Vieles leicht sich tragen, was zu Boden könnte pressen,
Wenn man nur für gute Sohlen nicht zu sorgen hat vergessen,
Wenn der Lenker der Gestirne mir des Herzens schlicht Begehren,
Nur das Wen'ge, d'rum ich flehe, wie bisher, noch will gewähren:

Daß er fest und aufrecht wandeln, nicht am Krückenstab mich humpeln,
Daß er nicht die schönen Berge übern Haufen lasse rumpeln,
Daß er seines Schöpferodems einen Hauch fortan mir borge,
Und ein bischen frische Bergluft, Sonnenschein und Grün besorge.

Frühlingsgedanken.
(Geschrieben auf dem Cobenzlberge.)

Fern der Stadt, auf einem Hügel, saß ich unterm grünen Baum,
Der mir säuselnd um die Schläfen spielte, wie ein Frühlingstraum,
Frei die Blicke ließ ich schweifen über Felder, Höh'n und Wald,
Bis die fernen, blauen Berge ihnen höhnend riefen: Halt!

Sieh, da nahmen die Gedanken ihren leichten Wanderstab,
Schritten über jene Berge, — jenseits in das Thal hinab, —
Schritten fort unaufgehalten, über neue Bergeswand,
Und sie sah'n, so weit sie wallten, ringsum schönes reiches Land!

Herrscher dieses schönen Landes, säßest du statt meiner hier!
Säuselten, wie Frühlingsträume, um das Haupt die Zweige dir!
Riefst du in das Thal hernieder, wie ich's gerne rufen mag:
Oesterreich, du Land des Ostens, auch in dir nun werd' es Tag! —

Vaterland, von Gott gesegnet also reich mit jeder Lust,
Daß für dich der Ueberreiche andre fast enterben mußt'!
O entrolle mir die Bücher deiner Thaten, inhaltschwer!
Solche Saat muß steh'n voll Garben, voll von Perlen solch ein Meer!

Wohl hast du dir große Thaten — deiner Söhne Stolz und Muth! —
Wie gediegnes Gold gesammelt, schreitend durch der Zeiten Fluth?
Sicherlich baust du am Dome hoher Kunst und Wissenschaft,
Daß er deiner würdig rage, rüstig fort mit Jugendkraft?

Wo das Blut floß deines Volkes, standen in der Schlachtenreih'
Recht und Licht und Freiheit immer dir als Waffenbrüder bei?
Stets war deiner Kämpfe Losung edel und gerecht gewiß? —
Mir im Aug' steht eine Thräne! — ach, die Antwort ist nicht süß! —

Ebnes Land liegt mir zu Füßen, wie ein stilles grünes Meer,
Weit hinaus, wie Möven, kreisen meine Blicke drüber her;
Gleichwie schmale lichte Furchen, die durchs Meer die Schiffe zieh'n,
Schlängeln Donaustrom und Straßen sich als Silberstreifen hin.

Rings empor als inselreicher, stolzer Archipelagus
Ragen Dörfer, Schlösser, Städte, blinkend wie aus Silberguß,
Doch vor allen groß und mächtig ragt ein Eiland aus dem Meer,
Dem als Tannenwald die Stirne krönt gewalt'ger Thürme Heer.

Wien, du bist's, Stadt der Cäsaren! — Doch wie dünkst du jetzt mir klein!
Selbst ein Meer sonst meinem Auge, schrumpfst du nun zur Insel ein!
Riesenwerk, dran müd' sich bauend, rastlos ein Jahrtausend stand,
Sieh nun deine ganze Größe leicht bedeckt von meiner Hand!

Dreimal hunderttausend Brüder träumen dort des Lebens Traum!
Dreimal hunderttausend Herzen schlagen in dem engen Raum!
Draus Entwürfe, weltbewegend, erderschütternd, sind gewallt!
Draus gewandelt manche Botschaft, deren Klang die Welt durchhallt!

Aber waren's stets Entwürfe, die das Recht, das Licht gebar?
Schwangen das Panier der Wahrheit jene Boten immerdar? —
Dir, mein Herz, so heimatglühend, fällt die Antwort wohl nicht schwer?
Wahrlich, ich versteh' dein Schweigen, ach, und frage nimmermehr!

Prangend über jedem Stadtthor steh'n die Wappen unsers Land's,
Flinke Lerchen, stolze Adler, in Metall und Marmorglanz;
O ihr mächt'gen, weisen Männer, fiel' es euch doch endlich ein,
Lerch' und Adler auch zu pflanzen in die Herzen tief hinein!

Schickt hinaus dann eure Boten; da wird rings es leicht erkannt,
Daß sie aus der Lerchenheimat, aus dem Adlerhorst entsandt!
Ihre Botschaft wird wie Lerchen sich der Morgenröthe freu'n,
Und wie freie Königsadler nicht das Licht der Sonne scheu'n.

Salonscene.

Abend ist's; die Girandolen flammen im geschmückten Saal,
Im Kristall der hohen Spiegel quillt vertausendfacht ihr Strahl,
In dem Glanzmeer rings bewegen, schwebend fast und feierlich,
Altehrwürdige Matronen, junge schöne Damen sich.

Und dazwischen zieh'n gemessen, schmuck im Glanze des Ornats,
Hier des Krieges rauhe Söhne, Friedensdiener dort des Staats;
Aber Einen seh' ich wandeln, jeder Blick folgt seiner Bahn,
Doch nur wenig der Erkor'nen sind's, die's wagen, ihm zu nah'n.

Er ist's, der das rüst'ge Prachtschiff Austria am Steuer lenkt,
Er, der im Congreß der Fürsten für sie handelt, für sie denkt;
Doch seht jetzt ihn! wie bescheiden, wie so artig, wie so fein!
Wie manierlich gegen Alle, höflich gegen Groß und Klein!

Seines Kleides Sterne funkeln karg und lässig fast im Licht,
Aber freundlich mildes Lächeln schwebt ihm stets ums Angesicht,
Wenn von einem schönen Busen Rosenblätter jetzt er pflückt,
Oder wenn, wie welke Blumen, Königreiche er zerstückt.

Gleich bezaubernd klingt's, wenn zierlich goldne Locken jetzt er preist,
Oder wenn er Königskronen von gesalbten Häuptern reißt;
Ja fast dünkt's mich Himmelswonne, die den sel'gen Mann beglückt,
Den sein Wort auf Elba's Felsen, den's in Munkats' Kerker schickt!

Könnt' Europa jetzt ihn sehen, so verbindlich, so galant,
Wie der Kirche frommer Priester, wie der Mann im Kriegsgewand,
Wie des Staats besternter Diener ganz von seiner Huld beglückt,
Und die Damen, alt' und junge, erst bezaubert und entzückt!

Mann des Staates, Mann des Rathes! da du just bei Laune bist,
Da du gegen Alle gnädig überaus zu dieser Frist;
Sieh, vor deiner Thüre draußen harrt ein dürftiger Client,
Der durch Winke deiner Gnade hochbeglückt zu werden brennt.

Brauchst dich nicht vor ihm zu fürchten; er ist artig und gescheidt,
Trägt auch keinen Dolch verborgen unter seinem schlichten Kleid;
Oestreich's Volk ist's, ehrlich, offen, wohlerzogen auch und fein,
Sieh, es fleht ganz artig: Dürst' ich wohl so frei sein, frei zu sein?

Priester und Pfaffen.

Stoß ins Horn, Herold des Krieges: Zu den Waffen, zu den Waffen!
Kampf und Krieg der argen Horde heuchlerischer dummer Pfaffen!
Aber Friede, Gottesfriede, mit der frommen Priesterschaar,
Frieden ihrem Segensamte, Ehrfurcht ihrem Weihaltar!

Priester sind's, die's bittre Sterben uns mit Wundertrost versüßen,
Pfaffen sind's, die's süße Leben bitter uns zu machen wissen;
Priesterherz, o See voll Klarheit, der den Himmel spiegelnd hält,
Pfaffenseele, ekle Pfütze, füllend dich vom Koth der Welt!

Priester gleicht der treuen Dogge, die uns Haus und Hof beschützte,
Pfaff' ist Fuchs, der Nachts die Hühner aus dem Stall uns weg-
                                                        stibitzte;
Priester ist ein Markuslöwe, der das Evangelium wahrt,
Pfaff' ist eine Tigerkatze, jener Gattung schlecht're Art. —

Priester! — hui, du kräft'ge Ceder, frei das Haupt zum Himmel kehrend!
Pfaffe! pfui, du üppig Schlingkraut, frech von fremdem Marke zehrend!
Religion! — der Priester huldigt weihevoll dem Götterweib!
Doch der Pfaff' umschlingt im Taumel einer Gassendirne Leib!

Einst von Gott erbaten Priester wohl die Sonne für die Erde,
Daß der Tag, der schöne helle, schöner noch und heller werde;
Doch des Monds, der Stern' Erlöschen flehten Pfaffen stets herbei,
Daß die Nacht, die schwarze finstre, schwärzer noch und finstrer sei!

Disteln wuchern auch in Oestreich, wie ein jedes Land sie brütet,
Reben blüh'n und glüh'n in Oestreich, wie nicht jedes Land sie bietet;
Bombardirt mit Distelköpfen frisch die Pfaffen aus dem Land!
Nehmt ein Glas des besten Weines auf der Priester Wohl zur Hand!

Die Dicken und die Dünnen.

Fünfzig Jahre sind's, da riefen unsre Eltern zu den Waffen:
Krieg und Kampf den dicken, plumpen, kugelrunden, feisten Pfaffen!
Auch in Waffen steh'n wir Enkel; jetzt doch muß die Losung sein:
Krieg und Kampf den dünnen, magern, spindelhagern Pfäffelein!

Aber wo gab's größre Arbeit, welcher Kampf bot mehr Gefahren?
Wo galt's fester auszudauern, wo galt's klüger sich zu wahren?
Lauthin schnaubt die plumpe Wildsau, wenn sie durch das Dickicht
keucht,
Aber leise kriecht die Viper, die nach deinen Fersen schleicht!

Einst verschnarchten dicke Pfaffen ganze Tag' in süßem Schläflein,
Jetzt doch liegen auf der Lauer immer wach die dünnen Pfäfflein;
Jene brüllten ihre Inbrunst heulend in die Welt hinein,
Diese winseln ihren Jammer, Katern gleich im März, so fein.

Mächt'gen, schweren Folianten glichen einstens jene Dicken,
„Allgemeines großes Kochbuch" stand als Inschrift auf dem Rücken;
Einem schmalen kleinen Büchlein sind die Dünnen gleich, fürwahr,
„Kurzgefaßte Gaunerstücklein" beut das Titelblatt euch dar.

Mit der Grobheit und der Dummheit hattet einst den Kampf, ihr Alten,
Doch der Artigkeit und Schlauheit müssen wir die Stange halten!
Einstens rannten euch die Dicken mit dem Wanst die Thüren ein,
Doch es kriechen jetzt die Dünnen uns durchs Schlüsselloch herein.

Längst schon hat ein tapfrer Ritter kühn der Dicken Heer gebändigt,
Und als goldner Stern des Tages jene finstre Nacht geendigt,
Joseph hieß der Stern und Ritter! Wien, du kannst sein Denkmal seh'n
Ach und will denn gen die Dünnen nimmer solch ein Held ersteh'n?

O so steigt ihr Dicken wieder lebend aus der Todesurne!
Doch mit altem gutem Magen! Werdet christliche Saturne!
Und verschlingt den magern Nachwuchs, o dann sind wir beider los,
Denn nicht lange mehr kann leben, wer solch' gift'ge Kost genoß!

Mauthcordon.

Unser Land, wohl ist's ein Garten; doch der Gärtner, sorgenvoll,
Zog ein starres Eisengitter, das ihn rings verschließen soll;
Doch auch draußen wohnen Leute, solch ein Garten lockt herein;
Wer sich freut an schönen Fluren, kann der schlimmste Gast nicht sein!

Schwarz und gelbe Schranken halten unsre Grenzen rings umspannt,
Schergenwacht und Mauthner hüten so bei Tag als Nacht das Land,
Sitzen unter Tags vorm Zollhaus, liegen Nachts im feuchten Gras,
Still und lauschend auf dem Bauche, spähend rings ohn' Unterlaß.

Daß sich ja kein fremder Krämer, fremder Knaster, fremder Wein,
Fremde Seide, fremde Linnen schleichen in das Land herein!
Daß ein arger Gast vor allen unsern Grund betrete nicht:
Der Gedanke, der entsprossen fremdem Boden, fremdem Licht!

Endlich wird's den Wächtern bange, wenn die Geisterstunde kreist,
Denn in unserm guten Lande graut es Manchem vor dem Geist;
Kalt und schneidend weht die Nachtluft, Mattheit rieselt durchs Gebein,
In die Schenke zieh'n die Wächter, Herz und Leib erquickt der Wein!

Sieh, da tauchen aus den Büschen, aus den Nebeln rings der Nacht,
Männer, schwere Last am Rücken, Karren, schwer von reicher Fracht,
Leise, wie die Nebel, schleichen sie die fahlen Steg' entlang,
Sieh, da wallt auch der Gedanke seiner Sendung heil'gen Gang.

Mit den Schmugglern muß er reisen, — er versteckt und hehlt doch nichts!
Mit den dunkeln Nebeln schleichen, — er, der Sohn des Tags und
Lichts! —
O heraus, ihr durst'gen Zecher! Müde Wächter, flink herbei!
Stellt euch auf in blanken Waffen, schnurgerad in Glied und Reih'!

Präsentiret die Gewehre, senkt die Fahne feierlich!
Laßt die Trommeln fröhlich wirbeln, und die Schranke öffne sich!
Daß mit grüner Palme siegreich, stolz und frei im Lichtgewand,
Leuchtend der Gedanke wandle in das gastlich schöne Land!

Dem Censor.

Manchen Priester kennt die Sage, der, ein Held genannt mit Fug,
Durch die Welt das Wort der Wahrheit kühn und unaufhaltsam trug,
Der im Königssaal gerufen: Pfui, ich witt're Kerkerluft!
Und es manch' besterntem Heuchler laut gesagt: Du bist ein Schuft!

Wär' ich solch ein Held der Wahrheit, mit dem Mönchskleid angethan,
Alsbald an des Censors Wohnung trieb' es mich zu pochen an;
Und ich spräche zu dem Manne: „Erzschelm, sink' aufs Knie zur Stell'!
Denn du bist ein großer Sünder, beichte und bekenne schnell!"

Und ich hör' es schon im Geiste, wie er drauf in Unschuld spricht:
Ihr' Ehrwürden sind im Irrthum! der Gesuchte bin ich nicht!
Ich versäume keine Messe, Amt und Pflicht verseh' ich gut!
Bin kein Hurer, Gottesläst'rer, Mörder, Dieb, ungläub'ger Jud'!

Doch aus mir dann bräche flammend der Begeist'rung Gluth hervor
Wie durch Berg und Kluft der Donner, dröhnt' ihm meine Stimm'
                                             aus Ohr;
Jeder Blick entflöge tödtend ihm als Pfeil ins Herz hinein,
Jedes Wort, es müßt' ein Hammer, der ihn ganz zermalme, sein:

„Ja, du bist ein blinder Jude! denn du hast's noch nicht erkannt,
Daß des Geistes Freiheit glorreich als Messias uns erstand!
Ja, du bist ein blut'ger Mörder! doppelt arg und doppelt dreist!
Nur die Leiber tödtet jener, doch du mordest auch den Geist!

Ja, du bist ein Dieb, ein arger, oder noch viel schlimmer, traun!
Obst vom Baum bei Nacht zu stehlen, schwingt sich jener übern Zaun;
In des Menschengeistes Garten, schadenfroh mit einem Streich,
Willst den ganzen Baum du fällen, Blüthe, Laub und Frucht zugleich!

Ja, du bist ein Ehebrecher! doch an Schande doppelt reich!
Jener glüht und flammt fürs Schöne, blüht's in fremdem Garten gleich;
Für die schöne, stolze Sünde ist dein Herz zu klein, zu schmal!
Und der Nacht und Nebel Dirne, die nur ist dein Ideal!

Ja, du bist ein Gottesläst'rer, oder ärger noch, bei Gott!
Todte Holz- und Marmorbilder schlägt in Trümmer frech sein Spott!
Deine Hand doch ist's, die ruchlos das lebend'ge Bild zerschlägt!
Das nach Gottes heil'gem Stempel Menschengeist hat ausgeprägt!

Ja, du bist ein großer Sünder! — Frei läßt irdisch Recht dich geh'n,
Doch in deinem Busen drinnen Rad und Galgen mußt du seh'n,
An die Brust drum schlage reuig, und dein Knie, es beuge sich!
Thue Buß'! Aufs Haupt streu' Asche! Zieh' dahin, und beßre dich!"

„Naderer da!"

In des Wirthes Gartenlaube saß ich sinnend ganz allein,
Rings um mich des Dörfleins Giebel blinkten hell im Sonnenschein,
Frühlingswind zog übers Saatfeld, daß es grüne Wogen rollt',
Und die nahen Rebenhügel standen glänzend ganz in Gold.

Wie das Auge jener Holden, die ich einst so heiß geliebt,
Blaute drüber hin der Himmel, wolkenlos und ungetrübt,
Und er sah auch mir ins Auge, drang mir bis ins Herz hinein,
Daß auch drin es Himmel wurde, heiter, wolkenlos und rein!

Uebers Haupt mir spannten kühlend dichte Zweig' ihr grünes Zelt,
Sorgsam hat mit edler Labung mir den Tisch der Wirth bestellt;
Weißes Brod, das jene Saaten dargebracht als reichen Zoll,
Süßer goldner Wein, der saftig einst von jenen Hügeln quoll!

Und des Waldes duft'ge Beeren, runde Kirschen, purpurroth,
Die mich fast wie Küsse mahnten, die das schöne Land mir bot,
Wenn nicht eine süßre Botin eben dort trät' aus dem Haus;
Doch die schöne Schelmin richtet ihre Botschaft mir nicht aus!

Selig wie des Frühlings Rosen warst du da, mein Herz, erblüht,
Heiter, wie des Frühlings Sonne, warst du, Auge, aufgeglüht!
Sieh, da tritt ein Mann, ein fremder, durch die offne Gartenthür,
Wallt heran zu meiner Laube, setzt sich an den Tisch zu mir.

O ihr fernen, sel'gen Brüder, die ihr wohnt in freierm Land,
Rasch und froh dem neuen Gaste hättet ihr gedrückt die Hand,
Und willkommen ihn geheißen, mitzutrinken euren Wein,
Festgenosse all des Glanzes rings und Reichthums euch zu sein!

Aber ach, ich dachte bange, als der fremde Mann genaht:
Ist es nicht vielleicht ein Diener unsrer finstern Hermandad,
Der da lauert auf Gedanken, wie im Forst der Wilddieb lauscht,
Ob kein Hirsch, kein allzufreier, arglos aus dem Busch nicht rauscht?

Der da spähet, was für Blätter meines Geistes Rebe treibt?
Ob des Sprößlings luft'ge Ranke fein am alten Stocke bleibt?
Der da die geheimsten Perlen meines Herzens wühlt empor,
Daß er dann die hellsten werfe den gefräß'gen Schweinen vor?

Also dacht' ich und verwandelt war mein Wein in Galle schier,
Und des Frühlings Purpurküsse mundeten nun nimmer mir,
Meines Herzens heitre Rosen dorrten ab, verwelkt alsbald,
Und ich sprang empor und stürzte in den öden finstern Wald!

Meine Stirne lehnt' am Baumstamm, und des Auges Thräne rann:
Ach, vielleicht mit bittrem Unrecht kränkt' ich jenen fremden Mann!
Und vielleicht wohl ist er würdig, daß Vertraun ins Aug' ihm blickt,
Und des besten Mannes Liebe treu und warm die Hand ihm drückt!

O ihr Mächt'gen, die mit Arglist Brüder ihr auf Brüder hetzt,
Und dem edelsten der Völker Mißtraun in die Herzen setzt,
Könnt ihr diesem blauen Himmel frei ins freie Auge seh'n?
Könnt ihr jenen lichten Fluren, jenen Bergen Rede steh'n?

Rings ist Glanz und Tageshelle, aber Nacht ist eure That!
Rings ist Offenheit und Freiheit, aber Mißtraun eure Saat!
Wollt ihr unsre Herzen wandeln, o verwandelt erst das Land!
Nimmermehr dann will ich murren, Wunsch und Thräne sei verbannt.

Laßt die frischen grünen Felder öde fahle Haiden sein,
Drauf statt reicher goldner Saaten Dorn und Unkraut nur gedeih'n!
Setzt ein Volk auf diese Fluren, zwergig, träg' und ungestalt,
Statt des starken, schönen, heitren, das sie blühend jetzt durchwallt!

Starr zu kahlem Krüppelholze sei der Hochwald eingeschrumpft,
Und der Strom, der blaue schnelle, sei zur Pfütze träg versumpft!
Jene Kette stolzer Berge sei ein Haufe Schutt und Sand,
Und die graue Distel krieche, wo die Rebe glorreich stand!

Es verhüll' ein ew'ger Nebel unsern Himmel, blau und licht!
Solchem Land paßt eure Satzung, doch dem unsern paßt sie nicht!
Dann trompete euer Herold sie in Nebelnacht hinaus!
Dann entsendet eure Späher hündisch auf die Lauer aus!

Ob kein Hirsch, kein allzudreister über euren Kirchhof springt?
Ob nicht allzufreie Ranken in dem Schutt' ein Sprößling schlingt?
Ob nicht allzuhelle Perlen jene trübe Pfütze hegt?
Allzuschwer wird er nicht schleppen an dem Funde, den er trägt!

Doch, so lang das Land noch blühend, saatenreich und frühlingsgrün,
Und das Volk gesund und fröhlich, kräftig noch und jugendkühn,
Mögt ihr nicht sein Brod vergiften, seine grüne Flur entweih'n,
Seinen blauen Himmel trüben und vergällen seinen Wein!

Auf dem Schlachtfelde von Aspern.

Herbstlich über Asperns Fluren schien die Sonne müd' und lau,
Störche schifften schon nach Süden durch der Lüfte ruhig Blau,
Ueber stille weite Felder schritt ich einsam, unbelauscht,
Und mit mir ein kalter Herbstwind, der durch fahle Stoppeln rauscht.

Dachte dessen jüngst der Landmann, als er hier die Garben wand,
Daß in einem Menschenherzen manche ihrer Wurzeln stand?
Denkt der Städter, wenn beim Mahle er sein weißes Brod genießt,
Daß gedüngt es mit dem Blute eines Heldenbruders ist?

Aus der Lava, die einst glühend vom Vesuv herniederquoll,
Blüh'n, wie Leben aus dem Tode, saft'ge Reben, grün und voll;
Doch die ihren Wein einst trinken unter kühlem Laubendach,
Dem Vesuv und seinen Schrecken sinnen sie wohl schwerlich nach!

Hier auch hat all' seine Schrecken ausgetobt einst ein Vulkan,
Blut'ge, glüh'nde Lavafluthen überströmten rings den Plan,
Schwarzer Rauch und Nachtgewölke hüllte tief den Himmel ein,
Wetterschläge krachten donnernd, Blitze zuckten flammend drein!

Wie dort am Vesuv die Lava einst manch' heitre Stadt verschlang,
So begrub sie viel der Edlen hier die weite Flur entlang;
Hundert Städte zu beleben, reichte wahrlich ihre Zahl,
Und nicht minder schön glomm ihnen noch des Lebens sonn'ger Strahl!

Gleich an frommer Kraft und Weisheit jenem edlen Plinius,
Der dort rettend seine Mutter trug durch Nacht und Lavaguß,
Also Carl, du hoher Sieger, trugst du kühn und glorreich da
Aus den Flammen und den Schrecken deine Mutter Austria!

Manch' gewaltiges Jahrhundert schritt schon am Vesuv vorbei;
Sieh, der fernsten Enkel Spaten schlägt der Lava Krust' entzwei,
Und es steigt aus Schutt und Asche eine heitre Stadt ans Licht,
Manch' ein Götterbild und Tempel, manch' unsterbliches Gedicht!

Oestreichs Herkulanum nenn' ich, ihr Gefilde Asperns, euch!
Wär' an edlen heil'gen Schätzen euer Schooß wohl minder reich?
Wahrlich, stieg' in eure Tiefen rechten Sinns der rechte Mann,
Bald das Götterbild der Freiheit brächt' er uns ans Licht hinan! —

Wallt dann wieder einst durchs weite reiche Saatgefild mein Fuß,
O dann nickt wohl jede Aehre mit dem Haupt mir heitren Gruß;
Und wie Geisterharfen säuselt's aus den goldnen Halmen leis:
"Nicht umsonst floß unser Herzblut, denn es trug euch schönen Preis!"

Nachtgedanken.

Wenn in stillen Sternennächten Stadt und Land in Schlummer tief,
Und schon längst von Markt und Plätzen sich das laute Volk verlief,
O wie dann mein Fuß so gerne durch die leeren Gassen wallt,
Wo durch ferne, weite Straßen dumpfen Klangs sein Tritt verhallt!

Wie ein großes ödes Schlachtfeld, schweigend liegt die Stadt vor mir,
Kleine Leidenschaften fochten ihre kleinen Schlachten hier;
Jetzt doch liegt gebreitet drüber große, stille Todtenruh,
Und nur Geister und nur Träume wallen leise ab und zu.

Droben leuchten die Gestirne! Jeder Stern im blauen Raum
Hat sein Menschenherz hier unten, dem er bringe lichten Traum;
Drum wohl thun sie so geschäftig, wenn wir Nachts im Schlummer ruh'n!
Doch es hat mein Sternlein droben heute wohl nicht viel zu thun? —

Schüttle, Himmel, deine Sterne nieder auf den Erdenball,
Dicht als goldne Saatenkörner in der Schläfer Herzen all!
Daß die blanke Silberblüthe lichten Traums am nächsten Tag
Frei als reiche Frucht erwachsen, hell und golden schwellen mag!

Lieblich plätschern dort die Brunnen, silbern steigt des Springquells
Pracht,
Rosen und Violen duften von den Fenstern durch die Nacht,
O wie süß dort vom Balkone Nachtigallenlied erschallt!
Fast bedünkt es mich, als wallte fern ich durch den grünen Wald.

Ueber Quell und Rosen aber, und Viol' und Nachtigall,
Ueber Domen und Palästen stand des Mondes Strahlenball,
Wie ein leuchtender Gedanke heil'ger Freiheit, licht und klar! — —
O wie schade, jammerschade, daß es rings der einz'ge war!

Wohin!

Eine Schwalbe in den Lüften, die sich nach dem Süden schwingt,
Eine Kugel, die mit Knalle aus dem Rohr des Schützen springt,
Wollt' ums Ziel, wohin sie reisen, diese Zwei mein Fürwitz fragen,
Eine schöne, lust'ge Antwort wüßten beide wohl zu sagen.

Männer, die mit finstrem Mißtraun heitre Herzen ihr erfüllt,
Schuldlos Volk in Fesseln schmiedet, lichten Tag in Nacht verhüllt;
Wollt' an euch dieselbe Frage neubegierig dreist ich wagen,
Wüßtet ihr solch' helle Antwort mir wohl auch darauf zu sagen?

Wärt ihr nicht so fromm und sittsam, würd' ich fast zum Wahn gebracht,
Daß verbotner Liebe pflegen, in der selbsterschaffnen Nacht,
Oder daß ihr wollt im Dunkeln schleichen, Dieben gleich, nach Beute!
Doch ihr seid ja viel zu heil'ge, viel zu ehrenfeste Leute!

Wärt ihr nicht so klug und weise, schient ihr mir beinah' zu sein
Narren, die Berührung scheuen, gläsern wähnend Steiß und Bein,
Thoren, die den ganzen Frühling aus dem Lande wollen jagen,
Fürchtend, eine Blüthenknospe könn' im Fallen sie erschlagen!

Wärt ihr nicht so reich und mächtig, sternbesetzt und sammtbedeckt,
Müßt' ich euch für Bettler halten, die das Tageslicht erschreckt,
Weil's durch schlechtgeflickte Fetzen ihre Blößen läßt erblicken,
Oder gar vielleicht als Brandmal einen Pranger auf dem Rücken!

Sagt's heraus, wohin soll's führen? welches mag das Ziel euch sein?
Könnt ihr Red' und Antwort stehen? — o beim Himmel, nein, o nein!
Doch fürwahr, ich kann's statt eurer! Will der Zukunft Bild entrollen,
Wie ihr's formet, wenn's nicht früher gute Götter wenden wollen!

Wir sind alle längst gestorben, schlummernd in den Särgen tief,
Während über unsre Gräber längst ein neu Geschlecht schon lief,
Offnen Ohrs für Lug der Heuchler, Tagesscheue in den Blicken,
Für die Lasten seiner Herren gut gebogen seinen Rücken.

Seiner Fürsten Zepter formte sich zum Weihbrunnsprengel um,
Und ihr Purpur, der verschwärzte sich zum mönch'schen Pallium;
Aus den alten Tagen mochten nur die Weihrauchfässer bleiben,
Die noch immer, lustig qualmend, obligate Wolken treiben.

Pressen kennt man nicht im Lande, wenn auch Bengel wohl bekannt,
Und vom Drucke gar weiß Niemand, höchstens nur das Volk und Land;
Gänse haben gute Tage, man berupft nicht ihre Leiber,
Denn aus Schreiben denkt hier Niemand, als im Steueramt die
                                                 Schreiber.

Am Katheder trägt's der Lehrer schaudernd seinen Schülern vor:
Wie zwei fürchterliche Inseln ragen nah am Pol empor,
Eine voll von Kannibalen, menschenfressend gleich den Raben,
Eine andre, wo da wohnen Menschen, die Gedanken haben!

Hie und da nur brennt ein Lämpchen aus der alten bösen Zeit,
Durch die Nacht hin wälzt sich träge heisrer Glocken dumpf Geläut';
Aar und Lerchen, unser Wappen, ist von Thor und Thurm geschlagen,
Eul' und Fledermaus statt dessen im Triumph hinaufgetragen.

Horch, was läuten alle Glocken? „Man begräbt den größten Mann!"
Nennt mir eures Helden Großthat! „Dort sein Leichenstein sagt's an:"
„„Traure Welt um diesen Todten! Wandrer, weinend magst du's lesen,
Selbst die Scheelsucht rühmt's, daß Niemand ihm an Dummheit gleich gewesen!""

Durch die Straßen tönt die Trommel: ein Edikt wird kund gemacht!
„Abgeschafft sind die Laternen; gänzlich sei's in Zukunft Nacht!
So will's allerhöchste Gnade, überzeugt aus tiefen Gründen,
Daß das Volk wohl auch im Finstern kann den Weg zum Munde finden."

Ew'ge Nacht ist eingebrochen übers ganze arme Land,
Ew'gen Nebels dichte Schleier ruhn darüberhin gespannt;
Mond und Sterne sind erblichen, ein Gestirn doch blieb noch immer:
Nur das Sternenbild des Krebses, deutungsvoll in fahlem Schimmer.

Doch vor Sankt Liguori's Kirche, auf der Bank sich streckend breit,
Ruft ein heil'ger Mann behaglich: Welch' ein schöner Tag ist's heut! —
Aber wir veruchten Todten, packend Sarg und Grabgewande,
Tragen sie zu beßrer Ruhstatt fort aus unsrem Vaterlande!

Warum?

Seht, sie haben an das Rathhaus aufgeklebt ein neu Edikt,
Drauf aus den geschlungenen Lettern noch manch andre Schlinge blickt;
Ein possirlich kleines Männlein liest's und hält sich still und stumm,
Unterfängt sich nicht zu murren, leise frägt es nur: Warum?

Auf der Kanzel stöhnt, wie Eulen, wimmernd gegen Sonnenlicht,
Hier ein Mönch, an dem die Kutte wohl das einz'ge Dunkle nicht,
Dort ein Abt, an dem der Krummstab wohl nicht Alles ist, was krumm;
Stets gelassen hört's der Kleine, lispelnd leise nur: Warum?

Wenn mit Hellebard' und Spießen sie auf Spatzen rücken aus,
Wenn sie lichtscheu ohne Fenster aufgebaut ihr neues Haus,
Wenn das Schwert, das sie befreite, sie zu Fesseln schmieden um,
Sieht er's ruhig und gelassen, fragt nur still vor sich: Warum?

Wenn sie mit Kanonen schießen auf die Lerche, leichtbeschwingt,
Die, wie ein Gebet der Freiheit, singend durch die Wolken dringt;
Wenn den Dichtergaul am Markte sie beim Schwanze zäumen um,
Will er drob sogar nicht lachen, sondern seufzet nur: Warum?

Auf der Sprache garbenreichem unermeßnem Erntefeld
Hat ein einz'ges goldnes Körnlein er sich liebend auserwählt;
Und aus ihrem reichen Meere, rauschend laut um ihn herum,
Fischt' er eine einz'ge Perle, nur das Männerwort: Warum?

Doch der weise Rath bescheidet streng vor sich den Mann und spricht:
„Eurer frevelhaften Frage ziemt, fürwahr, die Antwort nicht!
Unser Thun, es sei dem Volke ein verschloßnes Heiligthum!"
Ruhig hört den Spruch das Männlein, nur bescheiden fragt's: Warum?

Wüthend springen All' vom Sessel, daß der Rathstisch taumelt drein!
In Arrest bei Brod und Wasser zieh'n sie den Rebellen ein,
Lassen in den Bock ihn spannen, und in Eisen schließen krumm:
Doch er duldet's still gelassen, spricht kein Wörtlein, als: Warum?

Morgens muß er geh'n zur Beichte, dann aufs Feld im Karren fort!
Schützen steh'n in Reih' und Gliede, laden stumm die Flinten dort;
Feuer! ruft's, die Röhre krachen! Blutig sinkt der Frevler um,
Doch von bleichen Lippen schaurig stöhnt es röchelnd noch: Warum?

Ueber seine Leichengrube wälzen sie noch einen Stein,
Dann zum feierlichen Hochamt eilen sie zum Dom hinein,
Brünstig danken sie dem Himmel, daß der Schreier endlich stumm,
Doch bei Nacht auf seinen Grabstein schrieb ein Schalk das Wort:
Warum?

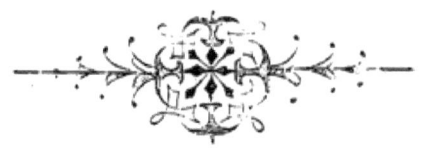

Sieg der Freiheit.

Freiheit ist die große Losung, deren Klang durchjauchzt die Welt;
Traun, es wird euch wenig frommen, daß fortan ihr taub euch stellt!
Mild und bittend sprach sie einstens; eure Taubheit zwang sie jetzt,
Daß sie in Kanonendonner nun ihr Wort euch übersetzt.

Freiheit, die erkorne Jungfrau, schwingt das Banner unsrer Zeit;
Daß fortan ihr blind euch stellet, o fürwahr, es hilft nicht weit!
Da ihr nicht gesehn das Banner, als es weiß und rein und hell,
Ei was Wunder, wenn mit Blute sie's gefärbt nun roth und grell!

Ihr nur habt die schöne Jungfrau mit dem Kriegesgott gepaart:
Waffenspiel und Blutgewänder sind wohl sonst nicht ihre Art;
Aber siegen muß sie immer! dieß bleibt ihre Art und Macht,
Ueber Herzen in dem Hause, über Speere in der Schlacht!

Wenn mit Rocken nicht und Spindel, und mit Wort' und Blicken süß,
So als erzgeschuppte Pallas mit dem Schwert und Schild gewiß
Und bei uns auch wird sie siegen, ja ich künd' es laut und frei:
Wunsch und Hoffnung meines Herzens riefen gern den Sieg herbei

Dort auf dem vulkan'schen Boden muß wohl ein Vesuv es sein,
Der die Luft mit Flammenruthen wieder fege hell und rein!
Dort auf stürmereichem Meere tobt sich erst das Wetter aus,
Eh' erhellt, gereint, geläutert prangt des Aethers blaues Haus!

Doch in unsrem Rebenlande, hier in milder Blüthenau,
Gnügt ein lauer Frühlingsregen, frische Luft und Morgenthau!
Fürchtet nicht die edle Gährung; gährt ja doch auch unser Wein,
Daß er zwiefach dann erquicke, doppelt golden, süß und rein!

Nicht das Schwert sei unsre Waffe, nein, das Wort, Licht und Gesetz!
Denn der fröhlich heitre Sieger ist der schönste Sieger stets!
Seht den Lenz, den Freiheitshelden, lernt von ihm es, wie man siegt,
Wenn mit dem Tyrannen Winter er im harten Kampfe liegt!

Winter ist ein Erzdespote, ein gar arger Obscurant,
Denn in seine langen Nächte hüllt' er ewig gern das Land;
Winter ist ein arger Zwingherr; in den eis'gen Fesseln fest
Hält des Lebens freiheitlust'ge frische Quellen er gepreßt.

Sieh, im Lager überrumpelt hat den trägen Alten schnell
Jetzt mit seinem ganzen Heere Lenz, der fröhliche Rebell!
Sonnenstrahlen seine Schwerter, grüne Halme seine Speer'!
O wie ragen und wie blitzen Speer und Schwerter ringsumher!

Seine Trommler und Trompeter das sind Fink' und Nachtigall,
Seine Marseillaise pfeifen Lerchen hoch mit lautem Schall,
Bomben sind die Blumenknospen, Kugel ist der Morgenthau!
Wie die Bomben und die Kugeln fliegen über Feld und Au!

Und den Farbelosen, denen die drei Farben schon zu viel,
Zeigt er keck des Regenbogens ganzes buntes Farbenspiel!
Als Cocarden junger Freiheit hat er Blüthen ausgesät,
Ha, wie rings das Land voll bunter, farbiger Cocarden steht!

Rundum hat die Städt' und Dörfer der Rebell in Brand gesetzt:
Ja, im goldnen Sonnenbrande glänzen hell und blank sie jetzt!
Drüber flatternd hoch sein Banner ätherblau und leuchtend weht,
Drin als Schild ein Rosenwölkchen mit der Inschrift: Freiheit! steht.

Hei, der Winter ist geschlagen! und mit seinem Fesselband,
Seinem Froste, seinen Nächten, flieht er fort nun aus dem Land!
Frei und fröhlich zieht statt seiner rasch der junge Sieger ein
Mit Gesang und grünen Kränzen, Blüthenscherz und Sonnenschein!

Und in grüne Farbe kleidet er Gebirge, Thal und Hain:
Freiheit geb' ich euch, und Gleichheit! Gleich beglückt sollt all'
                                                       ihr sein! —
Solch ein heitrer Sieg des Lichtes kröne dich, mein Oesterreich,
Und dem schönsten Frühlingstage werde deine Freiheit gleich!

Antworten.

„Dichter, bleib' bei deinen Blumen! Nicht an Thronen frech
 gemeistert! —
Wenn dich mehr als Blumenkronen eines Fürsten Kron' begeistert,
Feire, wie's so manch' bescheidner, vaterländ'scher Sänger thut,
Hohe Fest= und Namenstage, huldigend mit Sangesgluth!"

Hohn bedünkt es mich, den Fürsten sonst zum Ruhme nichts zu singen,
Als daß sie geboren wurden, und auch Namen gar empfingen!
Buben mögen solches rühmen! Aber schweigen laßt mein Lied,
Bis es große Thaten ragen, Licht und Freiheit strahlen sieht!

„Wie du doch so unerträglich! Freiheit stets, und Freiheit wieder!
Stets dasselbe Liedlein leiernd! Kennst du sonst denn keine Lieder?
Willst du winseln nur und klagen, nimm dir doch ein andres Ziel!
Suche andre Stoff' und Weisen, in der Welt ist Jammers viel!"

Soll ich unser Land wohl schmähen? O kein schön'res find' ich wieder!
Soll ich unser Volk verlästern? Das ist treu und gut und bieder!
Einen Fehl nur haben beide: daß die Freiheit ihnen fehlt,
Drob das Herz nur eine Klage, nur ein Lied den Mund beseelt!

„Ei, dein Schmerz sei dir gelassen! Doch was störest du die Andern,
Die zu euren schönen Bergen, duft'gen Wäldern fröhlich wandern,
An der reifen Saat sich freuend, labend sich am goldnen Wein?
Was in ihren Jubel rasselst du mit unsern Ketten drein?"

Eben weil in solchem Jubel, zwischen solchem Blüthenleben,
Zwischen goldner Saaten Säuseln, zwischen Kränzen duft'ger Reben,
Unter Bäumen grün und laubig, unter Lerchen leichtbeschwingt,
Das Gerassel arger Ketten gar so wunderschaurig klingt!

Hymne an Oesterreich.

Riesin Austria, wie herrlich glänzest du vor meinen Blicken!
Eine blanke Mauerkrone seh' ich stolz das Haupt dir schmücken,
Weicher Locken üpp'ge Fülle reich auf deine Schultern fallen
Blonden Golds, wie deine Saaten, die im Winde fröhlich wallen.

Festlich prangt dein Leib, der wonn'ge, in dem grünen Sammtgewande,
Dran als Silbergurt die Donau, und die Rebe als Guirlande;
Leuchtend flammt dein Schild, der blanke, welchem Lerch' und Aar
                                                      entsteigen,
Aller Welt von deinem Bündniß mit dem Tag und Licht zu zeigen!

Farbig ist ein Blumenestrich dir zu Füßen aufgegangen,
Eine Garde stolzer Eichen seh' ich im Gefolg dir prangen,
Kön'gen gleich in Purpurmänteln deine hohen Berge ragen,
Die als Kronen schmucke Burgen hell im Morgenrothe tragen.

Hier bist du die Braut, die heitre, unter Blüthen an der Quelle,
Kränzend sich mit Perl' und Rose, spiegelnd sich in klarer Welle!
Dort gleich muth'ger Amazone nach ersiegter Schlacht zu schauen,
Erzumpanzert und gewaltig, doch voll Schönheit selbst das Grauen!

Wie im hohen Göttertempel glorreich einst Pallas-Athene,
Stehst du da in stiller Weisheit, heil'ger Kraft und milder Schöne!
Aus den lieben süßen Augen muß ein hoher Geist auch sprühen,
Unterm üpp'gen schönen Busen dir ein edles Herz auch glühen.

In der Hand des Wissens Bücher hältst du siegreich aufgeschlagen,
Wissend, daß, wie deine Saaten, sie manch goldnes Körnlein tragen,
Daß, wer hat gesunde Augen, Tageslicht vertragen lerne,
Und noch keine Hütt' in Flammen ward gesteckt durchs Licht der Sterne.

Erz berührt und Stein und Leinwand deine Zauberhand nur sachte,
Sieh, da als ein Gott lebendig springt der Marmor aus dem Schachte,
Sieh, da lebt und spricht die Leinwand, fröhlich klingen die Metalle,
Und der Kunst geweihte Dome ragen hoch zur Sternenhalle!

Freiheit prangt als heil'ge Losung über deinen Friedenshütten,
Freiheit glänzt auf allen Bannern, drunter je dein Volk gestritten;
Besser als die Händ' in Fesseln taugen dir die fessellosen,
Sei's das Schwert der Schlacht zu schwingen, sei's zu pflücken
                                                Friedensrosen.

Doch: Vertrauen! heißt die Fessel, die dir gilt, dein Volk zu binden,
Und um Brüder sie und Brüder und um Fürst und Volk zu winden;
Wenn der heil'ge Regenbogen stolz sich wölbt durch Wettergrauen,
Strahlt aus ihm herab das große, schöne, ew'ge Wort: Vertrauen!

Drum wohl darfst du stolz und freudig, Austria, dein Haupt erheben,
Durch der fernsten Zeiten Nebel wird dein Schild noch glänzend
                                                schweben!
Viel hat dich der Herr gesegnet, doch du darfst auch rühmend sagen,
Daß bei dir die edlen Keime reich und herrlich Frucht getragen! —

Also klang jüngst meine Hymne. Sonst, wenn Dichter Hymnen singen,
Glänzt ihr Aug' wie Sonnenjubel, jauchzt ihr Herz wie Harfenklingen;
Doch wie mocht' es denn geschehen, daß ich mußte bei der meinen
So aus tiefstem, vollstem Herzen viel der bittren Thränen weinen?

Sanct Stephans Eid.

Wie die Glocken hell des Morgens heut zu Weissenburg getönt!
Jetzt ist's wieder still geworden, und der König ist gekrönt! —
Sieh, nun tritt er aus dem Dome, purpurstrahlend, glanzverklärt,
Auf dem Haupt die neue Krone, in der Hand das blanke Schwert.

Englein schmiedeten die Krone, wie die fromme Sage spricht,
Aus Demanten sonnenhelle, aus Rubinen morgenlicht!
Doch ein derber Schmied zu Dobschau ließ erglüh'n am Flammenherd,
Schlug mit Hämmern auf dem Amboß das gewalt'ge scharfe Schwert.

Vor dem Stadtthor ragt ein Hügel, dessen Pfade Teppich schmückt,
Drein des Landes helle Farben, roth und weiß und grün, gestickt;
Unten harrt der greise Kanzler, hält empor mit stolzem Muth
Hoch das sammtne Purpurkissen, drauf des Landes Satzung ruht.

Rings geschaart in weitem Kreise Ungarns edle Völkerkraft!
Hohe bärtige Magnaten mit dem Kern der Ritterschaft,
Aebt' und Bischöf' in den Infuln mit dem Krummstab und Brevier,
Und des Reiches Bannerträger mit dem flatternden Panier!

Auf den Hügel sprengt der König, jung und blühend, hoch zu Pferd,
Nord- und südwärts, west- und ostwärts, schwingt er flink sein blankes Schwert;
Dann gleichwie ein goldnes Standbild, steht er ruhig festgebannt,
Und empor zum blauen Himmel hebt er feierlich die Hand:

„Sei gegrüßt, mein Volk, und höre! Nimm aus meines Kanzlers Hand
Die Geschenke deines Königs, meiner Liebe erstes Pfand!
Freien Willens, freien Herzens geb' ich Freiheit dir und Recht,
Dem ich mich der erste beuge huldigend als treuer Knecht!

Ich beschwör's beim ew'gen Himmel, der im Sturm selbst Segen sprüht,
Ich beschwör's beim eignen Herzen, das im Zorn selbst Liebe glüht,
Nicht zu herrschen blind nach Willkür, nein, nach Recht und Satzung stets!
Fürsten sind nicht immer weise, nie ein Thor ist das Gesetz.

Und, beim Himmel, aufrecht halten will ich's heilig, fest und treu,
Nie nach eignem Hirn es deuten, nach Gelüst es modeln neu!
Will auch nicht in seiner Klammer halten mehr ein einzler Stein,
Falle drob doch nicht das ganze wohlgefugte Bauwerk ein!

Wend' es Gott, daß je ich führe in den Kampf fürs Unrecht euch,
Daß dem Schild des Brudermörders meines Volks Geschichte gleich,
Drauf, so prunkvoll auch das Wappen, grausenhaft ein Blutfleck spricht!
Keine Thräne, keine Quelle wäscht ihn wieder rein und licht!

Ich beschwör' es, zu bewahren glänzend meines Landes Ruhm,
Blank wie Krieger ihren Panzer, sorgsam, wie ein Heiligthum!
Einem garbenreichen Saatfeld ist des Volkes Glück wohl gleich,
Doch sein Ruhm dem Aetherdome, glanzerfüllt und sternenreich!

Ich beschwör's, zu treuem Rathe gern mein Ohr und Herz zu leih'n,
Nie des Freien Wort zu fesseln, sei er noch so schwach und klein!
Nicht in reichen Fürstengärten, wo ihr sie zu finden hofft,
Auf verlaßner, stiller Haide blüht die schönste Rose oft.

Ich beschwör's, mit eurem Gute hauszuhalten karg und weis',
Dran der Wittwe Thränen kleben, und des armen Landmanns Schweiß!
Wie doch könnte jenem munden noch sein süßer goldner Wein,
Der die schönste seiner Perlen in den Becher warf hinein?

Ich beschwör's, zu sein ein Vater meinem Volke immerdar!
Haltet nicht dieß Herz zu enge für die große Kinderschaar!
Vaterherz ist doch an Liebe doppelt groß und reich und warm,
Zu umschlingen und zu schirmen reicht um all' ein Vaterarm!"

Längst verweht sind schon die Lüfte, die der Königseid durchhallt,
Ueber jene grünen Fluren sind Jahrhunderte gewallt,
Jenes Bollwerk von Vasallen, rings als Riesenwand erhöht,
Ist in Asch' und Staub zerfallen und in alle Wind' gesät!

Doch es wahrt die Burg zu Ofen Stephans Mantel, Kron' und Schwert,
Wächter, blank in Waffen, schirmen jener Schätze theuren Werth;
Wenn sie einen König krönen, wird er damit angethan.
Ach, daß man doch Stephans Geiste keine Wächter stellen kann!

Sieht das Volk dann Stephans Mantel, wünscht es auch sein Herz
  hinein!
Sieht sein Schwert es wieder schwingen, — möcht' es doch sein
  Arm auch sein!
Sieht es seine Krone blinken, — weckte seinen Geist sie neu!
Hört es Stephans Eidschwur tönen, — hielt ihn Jeder auch so treu!

Kaiser Rudolph der Zweite.

„Wohl gestorben ist der Kaiser; denn wie ließ er's sonst gescheh'n,
Daß im Rathsaal Willkür sitze, führerlos die Völker geh'n,
Daß sein Auge blind geworden, taub sein Ohr für unsre Noth?
O der Kaiser ist gestorben! Warum hehlt ihr uns den Tod?"

Also vor der Burg des Herrschers rief des Volkes Schaar empor.
Sieh, da tritt ein Mann im Purpur nickend zum Balkon hervor;
Herr Rudolphus ist es selber! Schnell doch zieht er sich zurück! —
Daß der Kaiser noch am Leben, ach, bezweifeln kann's kein Blick!

Voll Quadranten, Himmelsgloben prangt im Schloß ein Kämmerlein,
Mit dem weisen Sternendeuter schloß sich dort der Kaiser ein,
Daß der Supplikanten Menge ihre Forschung störe nicht,
Und der Kanzler nicht zur Unzeit bringe lästigen Bericht

Viel und Wicht'ges gibts zu schlichten, nach den Uhren muß er seh'n.
Horoskope muß er stellen, in den Zauberspiegel späh'n,
Güldne Kettlein muß er schmieden, — wo bleibt da fürs Volk
                                            noch Zeit? —
Und, fürwahr, in allen Künsten bracht' es Herr Rudolphus weit!

Er entdeckt ein neues Sternbild, — jenen hellen Stern zwar nicht,
Der von Thronen über Völker segnend ausstrahlt mildes Licht! —
Nein, ein Stern am Abendhimmel war es, den sein Auge fand,
Der in seines Astrologen Himmelskarte noch nicht stand.

Er durchsann ein künstlich Uhrwerk, — zwar nicht jene Räderwelt,
Deren regelrecht Getriebe Staat und Volk im Gang erhält, —
Nein, ein seltnes Werk von Rädern, von der Kaiserhand gebaut,
Und mit süßem Glockenklange Tag' und Stunden grüßend laut.

Er erzog sich eine Taube, — zwar die Friedenstaube nicht,
Zwischen Volk und Herrscher schwebend, mit dem Oelzweig, grün
und licht, —
Nein, ein weißes Turteltäubchen, das im Lenz er sendet aus,
Daß es frische Zweig' und Blumen bringe in sein finstres Haus.

Ja, er zähmte einen Löwen, — nicht der Völker Zwietracht Leun,
Der, die blut'ge Mähne schüttelnd, seinem Lande mochte dräun! —
Nein, den König heißer Wüste zog geschmeidig er und zahm,
Daß nur aus der Hand des Kaisers er sein täglich Futter nahm. — —

Einst des Abends, noch sein Antlitz zugekehrt dem Sternenreich,
Lag entschlummert in dem Armstuhl Herr Rudolphus, kalt und bleich,
In den Händen, an des Zepters und des goldnen Apfels Stell',
Die kristallne Zauberkugel und ein Fernrohr blank und hell.

Den Verlust empfinden Alle, die er vatergleich gepflegt,
Sein Begängniß feiern Alle, die er liebereich gehegt:
Aus den Fenstern fliegt die Taube zu dem stillen Kirchhof hin,
Und zurück dann bringt zur Leiche sie ein Zweiglein Rosmarin.

Fremdem Blick entschwand das Sternlein, seit verlöscht des Auges
                                                                                  Brand,
Das allein den kleinen, hellen unter Millionen fand;
Trank und Kost verschmähend streckte auf sein Todtenlager bald
Sich der Löwe, seit die Hände, die ihn nährten, starr und kalt.

Gleich dem Herzen seines Meisters will das Uhrwerk nimmer geh'n,
Und auf seiner Todesstunde blieb der goldne Zeiger steh'n.
Dieses Alles ist geschehen, als Rudolphens Geist entschwebt. — —
Nur das Volk alleinig glaubte, daß sein Kaiser fort noch lebt.

Die ledernen Hosen.

Hoch auf seiner Burg in Oestreich haust ein lust'ger Rittersmann,
Hold des frommen Manns Lutheri neuen Lehren zugethan,
Die aus dumpfen Klostermauern frei und leuchtend einst entstiegen,
Wie aus schwarzen Felsgeklüften Schaaren weißer Tauben fliegen.

Und sie flogen bald auch siegreich über Oestreichs Fluren hin,
Die Verwegnen sah mit Zürnen Kaiser Ferdinandus ziehn,
Und Edikte ließ zermalmend über sie vom Thron er fallen,
Wie von hohen Felsenhorsten Geier mit den scharfen Krallen.

Sonntags früh, als die Gemeinde Glockenklang zur Kirche ruft,
Wallt im grünen Forst der Ritter, freuend sich an Laub und Duft:
„Wer den Herrn nicht kann im Walde, kann ihn auch im Dom nicht ehren,
Und wen nicht die frommen Blumen, wird kein Pfäfflein auch bekehren."

Sieh, da rauscht' aus Busch und Dickicht stolz ein Edelhirsch empor,
Doch es streckte schnell zu Boden ihn des Ritters Feuerrrohr:
„Wer da zu Mittag des Sonntags seinen Braten will genießen,
Ei, der wird dazu das Wildpret doch wohl auch sich dürfen schießen."

Als der Ritter kehrt zum Schloße, steht der Pfarrer vor dem Thor,
Stolz, wie im Triumphe, haltend hoch ein Pergament empor:
„Wer des Sonntags, statt der Messe, Feld= und Waidwerks sich befliffen,
Soll's mit hundert Golddukaten in den Schatz des Kaisers büßen!

Während ihr in Wäldern Hirsche, oder Böcke schießt vielmehr,
Ward verkündet von der Kanzel dieß Edikt so inhaltschwer.
Mögt verzeihen, edler Ritter, wenn ich's euch bedauernd sage,
Daß das Meß= und Predigtschwänzen selten goldne Früchte trage!"

„Dießmal," sprach der Ritter lächelnd, „trug's doch Gold, wenn
auch nicht mir!
Doch mir bleibt die Haut des Hirsches: im Edikt steht nichts von ihr!
Heil dem übergnäd'gen Kaiser, der uns doch die Haut will laffen!
Seht, vielleicht zu einem Wamse oder sonst was kann sie paffen!"— —

Einst nach Jahren, als der Kaiser heim von ernster Fahrt gekehrt,
Lud er vor den Thron zu Hofe seine Edlen, treu und werth:
Jeder mög' in seinem Kleide dann des Landes Farben führen,
Oder sonst mit seinem schönsten, köstlichsten Gewand sich zieren!

In dem Kaisersaale wimmelt's von Gewändern, roth und weiß,
Sammt und Perlen, Gold und Demant glühn und strahlen rings
im Kreis,
Drüberhin mit Wohlbehagen scheint des Kaisers Aug' zu wallen,
Aber plötzlich ernst und zürnend läßt auf Einen er es fallen.

Und er ruft dann halb mit Lächeln, halb mit droh'ndem Ungestüm:
„Seht, ihr Herrn, doch dort den Bauer und sein Hosenungethüm!
Traun, die gelben Lederhosen reichen fast ihm bis zum Kragen!
Freund, warum willst du des Landes oder meine Farb' nicht tragen?"

„Herr, weil ihr zu oft sie wechselt!" spricht der Ritter drauf mit Muth,
„Doch des Landes Farben passen für uns Bauernvolk nicht gut!
Vor dem rothen grellen Kleide würden scheu uns alle Stiere,
Und das zarte Weiß stets fürchtet, daß es Gras und Laub beschmiere.

In den theuersten Gewändern, Herr, beschied man uns heran,
Drum die köstlichste und schönste meiner Hosen zog ich an,
Denn mit hundert goldnen Füchsen mußt' ich sie euch selbst bezahlen.
Wer noch kann mit solcher Hose und mit solchem Schneider prahlen?"—

Wackrer Ritter, aus dem Himmel blickst du nun auf ird'schen Kram,
Wo so gänzlich aus der Mode deine Lederhose kam,
Wo in Seid' und Sammt wir prunken! — Lächelnd doch siehst
du die Gecken
Unbewußt, bis an den Kragen, tief in Lederhosen stecken.

Maria Theresia.

Weiße Rosse, ungeduldig, stampfen vor dem Kaiserschloß,
Unten harrt die Staatskarosse und der Diener goldner Troß;
Oben in der Burg Gemächern weilt die junge Kaiserin,
Festlich zu dem Kirchenzuge schmückend sich mit bangem Sinn.

„Mädchen, gib mir an den Busen jenes Kreuz rubinenroth,
Daß mein Auge sich gewöhne oft zu schauen Kreuz und Noth!
Flecht' ins Haar mir jene Perlen, daß sie meinen Blicken fern,
Denn an meines Volkes Thränen mahnen sie mich allzugern!

Lege mir an Brust und Nacken Diamant und Edelstein,
Daß doch etwas an dem Busen sei, nach Fürstenart, von Stein!
Reiche mir den Ring der Liebe, daß sein goldnes festes Band
Vor des schweren Zepters Schwielen schütze meine zarte Hand!

Drücke meiner Ahnen Krone gut mir in das weiche Haar!
Ach, nicht fest auf jenem Haupte ruht ihr goldner Reif, fürwahr,
Wo die weiche seidne Locke um den Rang mit ihr noch kriegt,
Und vielleicht in solchem Kampfe wunderbar der Kron' obsiegt!

Hefte fest den Purpurmantel! Wie erträgt das schwache Weib
Seine Last, die Heldenmännern niederbog den kräft'gen Leib?
Pagen, faßt die goldne Schleppe! Wohl bedarf ich ja der Hand,
Die mir liebreich tragen helfe meines Purpurs schwer Gewand.

Reicht mir einen blanken Spiegel! — Doch im Glase aufgeglüht
Winkt ein Frühling, der voll Lilien, voll von süßen Rosen blüht!
Ach, der Lenz, der waffenlose, mild und lächelnd ist zu sehn,
Wo ein Fels im Morgenrothe majestätisch sollte stehn!

Denn ihr finstres ernstes Antlitz schüttelt meine Zeit voll Schmerz!
Ihren Unmuth zu besiegen frommte eine Hand von Erz!
Doch ich kann die finstren Locken und des Grames Faltenspur
Ihr mit weicher Hand gelinde streicheln aus dem Antlitz nur!"

Und es sank ihr auf den Busen eine Thräne hell und licht,
Aber unter den Demanten da bemerkte man sie nicht!
Sie doch sah den feuchten Demant auf dem dürftigen Gewand
Jenes armen Manns, der bettelnd an der Kirchenpforte stand.

Tief bewußt der eignen Ohnmacht wallt das schwache schöne Weib,
Aber sieh, die Kraft der Männer beugt vor ihr den stolzen Leib!
O wie hoch für solche Schwäche der Begeist'rung Banner braust,
Doppelt scharf die Schwerter blitzen, doppelt kräftig jede Faust!

Sein Bild.

Sein Lob ist nicht ein Löblein!
Walther v. d. Vogelweide.

Dicht umwogt von Volkesmenge ragt ein luftig farbig Zelt;
Ei, was doch die bunte Hülle wohl für einen Schatz enthält?
Birgt sie nicht die schönste Perle, Muscheln gleich, in schlichtem Schrein?
Hüllt sie nicht das schönste Antlitz, wie ein neid'scher Schleier, ein?

Glockenklang, Kanonendonner! — Sieh, des Zeltes Hülle sank,
Und enthüllt' ein riesig Standbild, erzgegossen, hell und blank!
Wie zur Huld'gung, trat die Sonne jetzt auch aus dem Nebelflor!
Jauchzend, daß die Sterne bebten, schlug des Volkes Ruf empor!

Ruhig auf granitnem Sockel schwebt das Kaiserbild voll Glanz,
Um die Schläfen keine Krone, nur den selbsterrungnen Kranz!
Hoch zu Roß, das Antlitz lächelnd, und empor die rechte Hand
Sanft erhoben, wie zum Segen über sein geliebtes Land.

Ja, du bist es, weiser Joseph! — Voll von Kraft und Mark und Klang,
So im Bilde von Metalle, wie dein Leben all' entlang!
Dem getreu und kühn beharrlich, was als edel du erkannt,
Und an deinem großen Werke bauend fest mit ehrner Hand!

Ein Despot bist du gewesen! Doch ein solcher, wie der Tag,
Dessen Sonne Nacht und Nebel neben sich nicht dulden mag,
Der zu dunklen Diebesschlüften die verhaßte Leuchte trägt,
Und mit goldner Hand ans Fenster langer Schläfer rastlos schlägt.

Ein Despot bist du gewesen! Doch, fürwahr, ein solcher blos,
Wie der Lenz, der Schnee und Kälte treibt zur Flucht erbarmungslos;
Der den ärgsten Griesgram lustig mit dem hellsten Thau besprengt,
Und mit seinen Festeskränzen selbst den ärmsten Strauch behängt.

Drum mit Recht gab dir der Bildner Brust und Stirn' und Hand
von Erz!
Aber küssen, brünstig küssen möcht' ich diese Hand von Erz! —
Doch ich weiß nicht, ist es Laune, ist es kind'scher Unverstand,
Aber eine Rose gerne säh' ich in der ehrnen Hand!

All dein Ringen nach dem Lichte, all dein Thun in ernster Zeit,
Glich's nicht einer Hand von Eisen, die uns eine Rose beut?
Ein beharrlich ernstes Kämpfen um ein morgenrothes Land!
Drum, o legt ihm weich die Rose in die harte ehrne Hand!

Was er seinem Volk geboten, war's des Frühlings Bote nicht?
Drum im Kampf er ausgedauert, stammt' es nicht aus Morgenlicht?
Drauf einst unverrückt sein Auge, war's nicht ros'ger Freiheit Pfand?
Drum die Rose allzugerne säh' ich in der ehrnen Hand!

Ach, es will der Freiheit Rose uns im Garten nicht gedeihn!
Ohne Rose doch kannst nimmer, Erzkoloß, sein Bild du sein!
Nur ein Bildniß unsrer Zeiten dünkst du mir zu dieser Frist,
Dem die ehrne Hand geblieben, doch die Ros' entfallen ist.

Gastrecht.

Alexander Ypsilanti stürzt vom Schlachtfeld kampferhitzt,
Wo die Freiheit ihres Blutes letzten Tropfen hat verspritzt,
Wo er einen hohen Orden sich gewonnen, unbewußt,
Eine schöne Heldenwunde, klaffend vorn an seiner Brust.

So mit stolzer Purpurrose seinen Busen ausgeschmückt,
In der Hand den Stumpf des Schwertes, kampfzerbrochen und zerstückt,
Tritt der Held auf Oestreichs Boden, — o beträt' er ihn doch nicht!
Beut vertrauend uns die Hände, tritt an unsern Herd und spricht:

„Wenig ist's, darum ich flehe! Gebt mir Linnen zum Verband,
Laßt an eurer Luft mich laben, und erfreu'n an eurem Land!"
Mächt'ger als der Mund des Gastes spricht sein rinnend Heldenblut!
Und sie heißen ihn willkommen, und zu bleiben wohlgemuth:

„Munkats ist ein hübsches Schlößlein, Luft und Aussicht schön
                                                           und rein!
Nur beschränkt euch noch einstweilen auf ein einz'ges Fensterlein;
An Verband soll's auch nicht fehlen, der wohl fest und gut euch paßt,
Scheint er auch zu sein von Eisen, gleicht er auch den Ketten fast." —

Durch sein Gitterfenster nieder blickt der Griechenheld aufs Land,
Das in schwelgerischer Fülle zaubervollen Lenzes stand:
„O wie können Rosen duften, Saat und Frucht noch schwellen dicht,
Saft'ge Reben lockend winken, wo des Gastes Recht man bricht?" —

Sieben lange Jahr' in Ketten dort der Leu aus Hellas lag.
Sieh, nun löst man sie, daß wieder frei mit uns er wandeln mag!
Aber kaum nach sieben Tagen brach der Tod sein Herz entzwei!
Traun, mich dünkt, daß er gestorben wohl an unsrer Freiheit sei!

Alte Geschichten!

In dem Bürgerzeughaus blinkt es von Gewehren mannigfalt,
Waffen aller Zeiten glänzen, wie Annalen der Gewalt;
Stahl an Stahl rings an den Wänden: seltener Tapetenschmuck!
Erz auf Erz an Säul' und Decke: wohl ein sondrer ehrner Stuck!

Manch ein blanker Heldenpanzer, manch ein fürstliches Gewand:
Oede Häuser, deren Eigner ausgewandert aus dem Land!
Manch ein rostend Schwert der Tapfern, manch ein schlankgereckter
               Speer:
Ruder ohne Stenermänner in des Krieges blut'gem Meer!

Bünde von Musketenläufen sind zu Säulen blank gedreht:
Wehe, wenn des Staats Gebäude nur auf solchen Säulen steht!
Bajonnet und Säbel formen schwebend dort den Kaiseraar:
Sei nur hier allein von Eisen, hoher Adler, immerdar!

Wenn im Streit der Fürstenrechte Waffen sind der letzte Grund
Und ihr Coder Kriegestrommeln, Rechtsfreund der Kanonenschlund,
Schwerter ihre Syllogismen, ihr Beweis das Bajonnet,
O dann wohnt in diesen Sälen eine ganze Fakultät! —

Horch, vom glatten Marmorpflaster hallt schaulust'ger Fremder Tritt!
Sieh das zungenfert'ge Männlein, schreitend stolz als Herold mit,
Jedem Panzer sein Geschichtchen, jedem hohen Haupt ein Kleid,
Schlachten jedem Helm und Banner, Helden jedem Schwert bereit!

Dort die Nische zeigt ein Kästlein, abentenerlich geschmückt,
Draus, von seinem Rumpf geschieden, hohlen Augs ein Schädel blickt,
Eine rothe Schnur daneben, kündend blutiges Gericht!
Jetzt erfaßt den Kopf das Männlein, hebt ihn hoch empor und spricht:

"Wien, erkennst du diesen Schädel, dem du schaudernd einst gebebt,
Als er Wohnung noch des Geistes, der vernichtet und begräbt?
Kara Mustapha, der Wessir, sank er in Vergessenheit?
Wohl sind's an zweihundert Jahre, wahrlich schon geraume Zeit!

Denkst du's nicht, wie er zerrieben deines Bollwerks treu Gestein,
Wie er's schwur, zu weichen nimmer, bis er zög' in dich hinein?
Und sein Eid, er fand Erfüllung! Doch des Schicksals Spott ist schwer:
Seht, wie er hereingekommen! — Es ist deß schon lange her.

Türken rings im Feld gelagert: arge Schnitter unsrer Saat,
Türken rings in Rebenhügeln: karge Winzer, in der That!
Gottlob, daß wir jenes Kornes, jenes Weins nicht warten mehr!
Schmal ging's da um Trank und Speise! — Ei, das ist schon lange her!

Wien, o Wien, du bist verloren! Weh' dir, tapfre Heldenschaar!
Stark wohl war im Wald der Eichbaum, doch der Sturm noch
                                  stärker war!
Fest stand der gewalt'ge Felsen, doch gewalt'ger war das Meer!
Wien, o Wien, du bist verloren! — Doch das ist schon lange her.

Sieh, da steigt ein Stern zur Höhe: — die Signal-Rakete kracht! —
Wird zum lohen Flammenschwerte, sengend rings der Heiden Macht,
Wird zum Regenbogen, kündend heitren Himmels Wiederkehr!
Wien, o Wien, du bist gerettet! — Dessen ist's wohl lange her.

Von den Bergen rauscht und blinkt es, Quellen gleich im Sonnenstrahl,
Trann, ein Katarakt von Helden, stürzend auf den Feind im Thal,
Wie ein Samum Gottes, jagend ihn als Spren im Wind umher!
Wien, o Wien, du bist gerettet! — Ja, das ist schon lange her!

Und wie hießen sie, die Sieger, so voll hohem Geist und Muth?
Polen, glaub' ich, sind's gewesen, die für uns verspritzt ihr Blut,
Und ein sichrer Sobieski Steuermann im Kampfesmeer!
Namen sind gar leicht vergessen, — es ist ja schon lange her!

Als er siegreich eingeritten, ward des Volks zu eng der Raum,
Jubel rufend und ihm küssend Hände und des Kleides Saum:
Unsrer Kinder Blut, o Polen, sei euch unsres Danks Gewähr!
Also Wien ihm dankbar jauchzte, — dessen ist schon lange her!

Drauf der Fürst: Empfangt ein Denkmal dieses Tags aus meiner
    Hand:
Dieses Schwert, das für euch kämpfte, dieß Panier, das für euch stand!
Polens Adler, Deutschlands Adler, seid geschieden nimmermehr! — —
Seht, dort hängt noch Schwert und Banner, es ist deß schon lange her.

Kaiser Leopoldus tafelnd, warm die Hand dem Polen bot:
Krone, Reich und Volk gerettet hast du mir aus Kampf und Noth,
Daß gedeih'n einst, wachsen, blühen fröhlich mag mein Oesterreich,
Stark, den eignen Herd zu schirmen und manch lieben Freund zugleich!

Dir nur dankt es einst mein Enkel, daß sein Arm von Ketten frei,
Daß er kein beschorner Sklave, kein beschnittner Heide sei,
Daß des alten Gottes Dome noch des Kreuzes Glorie krönt,
Daß sein Wappenaar noch steiget, daß noch seine Sprache tönt;

Daß, statt schalen Wassers, würzen solch ein Wein noch darf sein Mahl,
Dessen Goldborns voll ich weihend jetzt dir bringe den Pokal:
Polen hoch für jetzt und immer! hoch an Freiheit, Macht und Ehr'! —
Also sprach der deutsche Kaiser, — dessen ist's schon lange her."

Cicero trat von der Bühne, Cicerone aus dem Saal.
Ob das Männchen nie getafelt, horchend, an des Kanzlers Mahl? — —
Sieh, da schüttelt, gleich als wollte etwas ihm nicht recht zu Hirn,
Jener gelbe Türkenschädel, voll des Unmuths, seine Stirn;

Gleich als wollt' es wieder fechten, rasselt Sobieski's Schwert,
Rauschend aus dem rothen Banner fast der weiße Adler fährt,
Gleich als wollt' er glorreich schwingen sich ins Morgenroth hinein,
Wie sein Heldenvolk im Kampfe, kraftvoll, muthig und — allein!

Zur Cholerazeit.

Meiner Hoffnung fromme Blume, die ich heimlich nährt' und tränkt',
Hielt in stiller Todesahnung schon ihr rosig Haupt gesenkt;
Lenz und Licht umsonst erharrend, siechte sie schon lebensmatt,
Ach und seine grüne Flagge strich besiegt ihr welkes Blatt.

Dieß geschah zur Zeit, als oben sprach der Herr vom Wolkenthron:
„Hast du meines Zornes Boten, Erde, so vergessen schon,
Den verkündet Bluttrabanten, dem gefolgt Brand und Entsetzen,
Daß, nachzitternd noch, du wieder opferst schon den alten Götzen?

Steige, zweiter Engel, nieder ohne Schwert und Blut und Brand!
Schwing' als richtend Schwert ein Füllhorn duft'ger Frücht' in deiner Hand,
Nimm zu Flügeln weiße Blüthen, Frühlings Sonnengold zu Locken;
So, moderne Pest, nun walle säuselnd hin auf Zefirs Socken!"

Und der Engel flog vom Osten, wo der Tag wohnt und der Zaar,
Stumm uns näher, immer näher, ird'schen Augen unsichtbar,
Seine luft'gen Bahnen zeigte doch auf Erden, Meil' auf Meile,
Der gefallnen Leichen stumme, unabsehbar lange Zeile.

Sommer war's, zum Herbst sich neigend, schöne, klare, sonn'ge Tage;
Sieh, das Volk, hinaus lustwandelt's nach dem Felde, nach dem Hage;
Weh, es zielt mit Sonnenstrahlen jetzt auf euer Herz der Tod!
Weh, es kühlt in Baumesschatten euch des Lebens Schweiß der Tod!

Diesen dürstet, — o wie lieblich dort die frische Quelle singt!
Seht an ihrem Born ihn liegen: Tod ist's, was sie rauscht und klingt!
Jener Knabe lechzt nach Labung, — Trauben winken wangenroth;
Heuer gibt's ein reiches Lesen, doch der Weinstock trägt nur Tod!

Schwärmerische Seele, wandle nur im süßen Mondenschein:
Aus des Lebens Jammerthalen wird dir bald Erlösung sein! —
Greiser Vater, euren Segen, eh' verglüht das Abendroth!
Weh dir, guter Sohn, als Segen quillt aus Vaters Hand dir Tod!

Weiche Kissen, Tafftgardinen! Süßen Kuß auf rothen Mund! —
Weh', der Kuß des Liebchens siegelt Tod auf deiner Lippen Rund! —
Reu'ger Sünder, nimm die Hostie am Altar im Kerzenstrahl!
Das Versöhnungsmal der Reue ist dein letztes Abendmahl! —

Zeit der Reu' ist's und Bekehrung; wie das Volk der Priester rennt!
Todesfeindschaft sucht Versöhnung, Ehebruch und Mord bekennt,
Alle Sünder thun jetzt Buße; — Lenker meines Volks, nun spürt
Ihr doch auch des Todes Schrecken, der euch bessert, läutert, rührt?

Siehe, meiner Hoffnung Blume fand ich wieder aufgelebt,
Ihres Blattes grüne Flagge frisch und froh emporgestrebt!
Dieß geschah zur Zeit, als mitten unter uns der Engel stand,
Und ich hart an mir das Wehen seines Flügelschlags empfand.

Und es kommt ein furchtbar Sterben. Mit dem Tod wirst du vertraut,
Daß vorm eignen Spiegelbilde, ist's noch wangenroth, dir graut,
Daß du Abends bebst zu Bette, gleich als ob dein Sarg es sei,
Daß sie Graun erfaßt, begegnen sich lebend'ger Wesen zwei.

Tag, was warfst du des Erwerbes Werkzeug aus der Hand so früh?
„Ach, weil Sarg und weißes Linnen sich erwirbt mit kleiner Müh!"
Nacht, hast du vergessen Lieder, Knall der Flaschen und Frohlocken?
„Meine Liebling', all entartet, lauschen nur den Sterbeglocken!" —

Haben meines Volkes Lenker nicht des Engels Hauch gespürt,
Daß am alten Thun sie haften, ungebessert, ungerührt?
Nein, sie steh'n wie Marmorbilder, kalt und starr, an einem Grab;
Ihrer Schilder alte Losung wäscht kein Sturm, kein Regen ab.

Aber als ich nach der Blume meiner Hoffnung wieder sah,
Lag zertreten sie am Boden, todeswelk und farblos da.
Dieß geschah zur Zeit, als von uns sich des Engels Flug gewandt;
Wer erharrt es, bis der dritte, fürchterlichste Bot' entsandt?

Einem auswandernden Freunde.

Lebewohl, du lieber Pilger, grüße mir den fernen Strand,
Wo einst Franklin Weisheit säte, Washington einst fechtend stand;
Deine Seele, rein und edel, bleibe drüben so wie hier,
Nur der Blick, der trübe, werde heitrer über'm Meere dir!

Lebewohl! — Dein schönes Auge, ach, nie sah ich's freudenhell,
Nur, gleich schwarzer Wolke, schüttelnd einzle Blitze lustiggrell;
Doch gesenkt sonst immer neigte wehmutvoll und feierlich,
Eine schwarze Trauerfahne, übers Vaterland es sich.

Lebewohl! — Ha, weiße Segel seh' ich schon im Wind sich bläh'n,
Seh', umglänzt vom Meeresspiegel, dich an Bord des Schiffes steh'n,
Das, statt Perlen fremder Meere uns zu zollen, jetzt verkehrt
Wohl der schönsten, hellsten eine raubend uns, von dannen fährt.

Lebewohl! — Gleich Liebesboten tragen flink noch durch das Meer
Zwischen Schiff und Land die Wellen Abschiedsküsse hin und her,
Doch es schifft vom Heimatboden nichts mit dir durch Meeresfluth
Als Erinnerung im Herzen und ein grüner Strauß am Hut.

Und es ist, so will's mich mahnen, dieser Strauß gleich mir und dir:
Frische Zweige, festgewunden in den Kranz der Frühlingszier,
Und entkeimt dem Heimatboden, der ihm Trieb und Blüthen bot,
Und aus dem auch wir gesogen Jugendmuth und Wangenroth.

Lebewohl! — Die Mörser donnern! Stolz entschwebt das Schiff
                        gen West,
Wimpel all' und Flaggen deuten, Fingern gleich, die Bahn gen West;
Mit verschränkten Armen seh' ich an den Mast gelehnt dich steh'n,
Aber gegen Ost dein Auge nach der Heimat Küsten späh'n.

Mich bedünkt, es mag das Auge wohl des Herzens Flagge sein,
Und dein Herz, dieß edle Schifflein, darf des Augs Verrath nicht scheu'n,
Schwer wohl riß es los die Anker, eingebohrt aus Vaterland,
Und vielleicht noch blieb manch einer hängen fest am heim'schen Strand.

Drum, o sprich, was lockt dich drüben, das die Heimat dir versagt?
Ist's des Rechts erhabner Leuchtthurm, der dir hell herübertagt?
Ist's der Gnadenort der Freiheit, der Madonna unsrer Zeit?
Hast auch du der großen Wallfahrt gläub'gen Volks dich angereiht?

Wie der Kreuzespilger Schaaren einst gen Zions Trümmerrest,
Wälzt sich jetzt der Völker Heerzug ins gelobte Land gen West;
Ach, wohl wird's auch euch ergehen, wie sich's jenen einst begab:
Euer Heiland ist erstanden und ihr trefft ein leeres Grab!

Freund, ich weiß, daß allzu üppig uns der Freiheit Baum nicht sprießt
Und nur wen'ge der Erkornen mit dem breiten Schirm umschließt,
Daß bei uns des Rechtes Wage eben andern Wagen gleicht
Und, nebst Recht und Unrecht, manches Andre wägt, was schwer
                        und leicht.

Aber soll dein Leid dir sänft'gen heulender Huronensang,
Wenn's dem Feuerlied der Freunde nicht beim deutschen Wein gelang?
Soll den Schmerz dir übertäuben Niagaras Donnerhall,
Wenn's bei sanftem Donaurauschen nicht vermocht die Nachtigall?

Traun, ich fürcht', an keinem Baume in des Urwalds Nachtverließ,
Unmuthvoller Argonaute, hängt dir dort dein goldnes Vließ!
Und wenn, was du suchst, du fändest, — kannst du schwelgen im Genuß,
Eingedenk der Schaar der Freunde, die daheim noch darben muß?

Eins doch weiß ich, und dieß Eine gibt mir Kraft und Zuversicht:
Keine Nacht war noch so dunkel, der nicht obgesiegt das Licht,
Keines Winters Eis so feste, daß der Lenz es nicht durchhieb,
Keines Kerkers Wand so ewig, daß die Zeit sie nicht zerrieb!

Ja, ich weiß es, — denn uns Allen quillt im Herzen manch ein Quell
Jenes urgewalt'gen Stromes unversiegbar, bronnenhell, —
Segelreich und breit und mächtig durch die Gau'n des Vaterlands
Wird der Strom der Freiheit rauschen einst voll Majestät und Glanz!

Ja, ich weiß es, — denn uns Allen, tief und stillverborgen, sprüht
Manch ein lichter Funke jenes Morgenrothes im Gemüth, —
Ja, des Rechtes klaren Morgen werden wir noch tagend sehn
Liederreich in ew'gem Frühroth über unsern Häuptern stehn!

Dann wallst drüben du am Meere; deiner Sehnsucht schwanker Kahn
Gleitet auf und ab die Wellen, sucht und flieht der Heimat Bahn;
Horch, da klingt's wie Glockenläuten übers Meer von Osten fern:
Das sind unsrer Dome Glocken, grüßend laut den Morgenstern!

Sieh, da wogt zu deinen Füßen roth und röther stets das Meer,
Und im Rosenglanze glühen Flur und Himmel rings umher,
Urwald selbst und Steppe wollen jetzt ein Rosengarten sein:
Das ist unsrer Morgenröthe übersee'scher Widerschein!

Und was will dieß weiße Segel, schwebend auf der glüh'nden Fluth,
Wie ein Fürstenbrief der Gnade, der auf rothem Kissen ruht?
Ja es ist ein Brief der Liebe, freud'ger Kunde voll, fürwahr,
Auf des Meeres Purpurkissen reicht der Ost dem West ihn dar!

Und du wirst die Kunde lesen. Mit entwölktem hellem Blick
Nach dem Vaterland, dem freien, steuerst wieder du zurück;
Aber statt des schwarzgelockten Jünglingshauptes spiegelt dann
Im Kristalle sich des Meeres ein gebeugter greiser Mann.

Doch was ist dir dann die Heimat, deren Leiden du nicht littst,
Deren Losung du vergessen, deren Kämpfe du nicht strittst,
Deren Banner du nicht schirmtest, deren Reihn du miedest längst
Und zu deren Siegesmahlen du, ein fremder Gast, dich drängst?

Und woran soll dann die Heimat dich erkennen noch als Sohn,
Fremder Mann, der ihre Sprache spricht entwöhnt, in fremdem Ton,
Welch ein Zeichen deiner Abkunft bringst du über Meeresfluth?
Ist's vielleicht der fahle dürre Strauß auf deinem Pilgerhut?

Dieser Strauß, so will mir's ahnen, wird dann sein gleich mir und dir:
Altes Reisig, nimmer taugend in des neuen Lenzes Zier,
Längst verdorrt in jener Sonne, die in Ost und West sich gleicht,
Mir und dir gefurcht das Antlitz, mir und dir das Haupt gebleicht! —

Drum, ein schöner Fruchtbaum, wurzle du im heim'schen Boden fest,
Bringt er dir auch Frost und Stürme, bringt er doch auch Lenz und West!
Kreis' ein Schwan der Hoffnung ruhig auf bewegtem heim'schen
                                              Strom,
Trage mit als schmucker Pfeiler an des Vaterlandes Dom!

Weiche nicht von uns, o Jüngling! Laß uns All' in festen Reihn,
Hand in Hand und Herz am Herzen, stehn ein Wall von Marmelstein! —
Ach, wohl längst schon sieht er nimmer meines Tuches Abschiedsweh'n,
Mählich dunkelt's, und dem Auge ist das Schiff nicht mehr zu seh'n.

Renegatenspiegel.

Welcher Wind weht, daß mir Alles heute kommt so türkisch vor,
Daß nun als Moschee und Harem ragt Palast und Kirch' empor,
Daß gemeine Weiden, Pappeln, in Cipreß' und Palm' verhext,
Und zum Weichselrohrkolosse mein Cigarrenstümpfchen wächst?

Glücklich ist des Marktes Springquell, der fast starb an Wassernoth,
Doch jetzt, orientalisch prasselnd, diamantne Sündfluth droht;
Glücklichster doch bist du, Esel, dem Kameel gleich angesehn,
Wähle frei, ob Höcker besser oder lange Ohren stehn?

In der Marmorwanne streckt sich dort der stolze Renegat,
Rosenwasser sprengt ein Diener, andre rings umstehn das Bad,
Weiße Linnen, duft'ge Salben haltend, stehn sie tiefverneigt,
Harrend stumm, bis ihre Sonne aus des Meeres Becken steigt.

Den Gebieter hält Behagen bei der Nymphe lang zurück,
Eins nur müht ihn: seinen Rücken wegzudrehn dem Dienerblick;
Denn ein Mann, der ein gestempelt Eisen trug von ungefähr,
Stieß das glüh'nde in der Heimat ihm einst drauf von ungefähr.

„Dank" — so läßt er sich vernehmen — „sei dir, heil'ger Gott, gesandt, —
Doch nein, Allah dir! — denn also schreibst du dich ja hier zu Land;
Bei den Wunden des — halt inne! Hier heißt's ja: bei Mahoms Bart!
Spröde Christenzunge, Alles ist ja doch nur Redensart!

Heilige Redensart, dir dank' ich Ehren, Macht und Goldgewinn,
Daß des großen Wessirs Liebling, Herz und rechte Hand ich bin,
Daß ich darf, statt heim'schen Sandes, Paradiesesau'n durchtraben,
Daß mich, statt Teltower Rübchen, Corfu's Ananasse laben!

Daß ich, Iman meinem Schützer, Recht und Unrecht darf bescheiden,
So daß wir vom selben Strauche Ruthen oder Kränze schneiden;
Wie dem Ungar treu sein Schafpelz, ist das Recht uns ein Bewährtes,
Rauhes auswärts: Kühlung gibt es, Rauhes einwärts: Wärme
                                             nährt es!

Dank dir, daß du mir die Feder und das Messer schliffst gleich scharf,
Daß ich mit dem Herrn arbeiten an der Volksbeglückung darf,
Morgens, eh' wir sie beginnen, den durchlaucht'gen Bart rasire,
Abends, wenn wir sie vollendet, Hühneraugen operire!

Daß ich im Poetenhaine jeden Steg ihm zeigen kann,
Wie gesprochen und gesungen unser junges Turkistan,
Schöne Stellen mit dem Schwarzstift, Schnödes mit dem Röthel
                                             streichend,
Frevelndem Gedankenvolke schnell die rothe Schnur darreichend.

Ach, wie ist die Volksbeglückung der Gesundheit auch gedeihlich!
Wie seithero Wang' und Waden mir sich runden so erfreulich,
Und ein Bäuchlein schon Besitz nimmt von dem Platz, der leer sich fand,
Gleich dem led'gen Stuhl Sankt Peters, harrend, daß sein Pabst
                                             ernannt!"

Plätschernd steigt er aus dem Bade. Ein Rechtgläub'ger, der da harrt,
Ihn zu salben und zu kleiden, streicht sich stolz den grauen Bart:
„Preis dir, Allah, daß geboren diesen Unhold fremdes Land,
Und kein Mann zu seinem Amte in ganz Turkistan sich fand!"

Unsere Zeit.

Auf dem grünen Tische prangen Kruzifix und Kerzenlicht,
Schöff' und Räthe, schwarzgekleidet, sitzen ernst dort zu Gericht;
Denn sie luden vor die Schranken unsre Zeit, die Frevlerin,
Weil sie trüb' und unheildrohend und von sturmbewegtem Sinn!

Doch es kommt nicht die Gerufne, denn die Zeit, sie hat nicht Zeit,
Kann nicht stille stehn im Saale weltlicher Gerechtigkeit,
Während sie zwei Stunden harren, ist sie schon zwei Stunden fern!
Doch sie sendet ihren Anwalt, also sprechend, zu den Herrn:

„Lästert nicht die Zeit, die reine! Schmäht ihr sie, so schmäht ihr euch!
Denn es ist die Zeit dem weißen, unbeschriebnen Blatte gleich:
Das Papier ist ohne Makel, doch die Schrift darauf seid ihr!
Wenn die Schrift nicht just erbaulich, nun, was kann das Blatt dafür?

Ein Pokal durchsicht'gen Glases ist die Zeit: so hell, so rein!
Wollt des süßen Weins ihr schlürfen, gießt nicht eure Hefen drein!
Und es ist die Zeit ein Wohnhaus, nahm ganz stattlich sonst sich aus,
Freilich seit ihr eingezogen, scheint es oft ein Narrenhaus.

Seht, es ist die Zeit ein Saatfeld; — da ihr Disteln ausgesät,
Ei, wie könnt ihr drob euch wundern, daß es nicht voll Rosen steht?
Cäsar ficht auf solchem Felde Schlachten der Unsterblichkeit,
Doch auch Memmen, zum Entlaufen, ist es sattsam groß und weit.

Zeit ist eine stumme Harfe; — prüft ein Stümper ihre Kraft,
Heulen jammernd Hund und Kater in der ganzen Nachbarschaft!
Nun wohlan, so greift begeistert, wie Amphion fest darein,
Daß auch Strom und Wald euch lausche, Leben fahre in den Stein!"

Die Ruinen.

„Wien, thu' Buß'! es naht die Stunde, wo dein Bau in Trümmer fällt,
Deine Zinnen gleich der Erde und kein Stein am andern hält!"
Also rief ein Mann am Marktplatz, und wir lachten laut ihn aus,
Aber den Propheten sperrte eilend man ins Narrenhaus.

Doch bei stiller Nacht umwogte mir das Aug' ein seltner Traum:
Ich bewohnt' auf einem Berge einer Hütte dürft'gen Raum,
Mir zu Füßen weithin dehnte sich die Kaiserstadt umher,
Doch in Schutt und Staub zerfallen, ein gewalt'ges Trümmermeer!

Horch, an meine stille Pforte pocht des Fremdlings Schaulust an,
Daß ich ihr, für dürft'ge Gabe, Führer durch die Trümmerbahn,
Deuter sei zerfallner Größe, wo ein jeder Stein und Staub
Mahnend spricht von schönen Tagen, wie vom Lenz das dürre Laub. —

Herr, gebt Acht, daß eine Schlange plötzlich aus dem Schutt nicht blitzt!
Seht euch vor, daß ihr die Glieder nicht am Dorngesträpp' dort ritzt!
Reicht mir jetzt die Hand! Beschwerlich steigt durchs Schuttgeröll
        sich's hier!
Auf dem Trümmerhügel finden doch ein Bischen Aussicht wir!

Seht euch um, ob's einem Buche hoher Psalmen hier nicht gleicht,
Dran die Zeit das Blatt zermorschte und die ganze Schrift gebleicht,
Hier und dort nur blieben Wände, wie manch einzeln lesbar Wort,
Und gleichwie ein einzler Buchstab' eine Säule hier und dort.

Rathet doch, wo jetzt wir stehen? — Ei nun, auf dem Stephansthurm!
Von der hohen Himmelspappel, die gefällt der grimme Sturm,
Ist's zwar nur der niedre Strunk noch, der im Boden wurzelnd steht;
Denn der Stamm, die Zweig' und Blätter liegen rings als Schutt gesät!

Schlank und stolz einst, wie die Pappel, stieg in Wolken er hinein,
Leichtes Ast= und Laubwerk formte Menschengeist aus sprödem Stein!
O wie zwischen Zweig' und Blättern, hoch mit lautem hellem Schall
Oben die gewalt'ge Glocke schlug als Riesennachtigall!

Seht den Stein, bemoost am Boden! Wer wohl nähm' an ihm es wahr,
Daß er Bruderschaft und Zwiesprach hielt in Lüften mit dem Aar!
Doch im Raum noch, wo der Aether tausend Jahr' fast nicht gekreist,
Ragt als leise licht're Säule, sichtbar kaum, des Thurmes Geist! —

Hebt empor euch auf den Zehen! Könnt ihr jene Eichen sehn,
Die wie Reihn von Grenadieren jenseits an der Donau stehn?
Herr, das hießen sie den Prater! Gegen jeden Schmerz und Tort
Wuchs dem guten heitren Völklein als Arznei ein Kräutlein dort.

Gegen bittrer Sorgen Wermut: dort des süßen Weines Trost!
Gegen Kapuzinerpredigt: des Hanswursts gesunde Kost!
Gegen Finsterniß von oben: dort von oben Sonnenschein!
Gegen düstre Gaunereien: fröhlich heitre Gaukelei'n! —

Laßt uns fort nun, aber sachte durch die wilden Rosen gehn,
Daß wir nimmer sie zertreten! Rosen stehn selbst Trümmern schön!
Schutt auf Schutt! — So mag's geschehen, daß wir ließen ungegrüßt
Manch ein Grab, das unsrer Liebe, unsrer Thränen würdig ist!

Schnell vorbei an den zerfallnen Wohnungen der Gleißnerei!
An gewaltiger Paläste stolzem Wracke schnell vorbei!
Dessen Ueberrest zu stürzen, so wie seine Herren droht,
Deren ganzes langes Leben nur ein Warten auf den Tod!

Dort aus hohem Fenster nieder blickt des Ephens dicht Gesträuch,
Wie einst draus der Kanzler blickte, dessen Thun dem Ephen gleich:
Schlingkraut nur, das morsche Wände mühsam wohl zusammenhält,
Aber nie voll edler Blüthen, eigner freier Früchte schwellt!

Dort die Trümmer eines Klosters! — Aber laßt uns schnell vorbei!
Denn wer weiß, ob in die Steine nicht der Geist gefahren sei
Jener Männer, die im Weltall dulden ihre Art allein,
Und wir so in Stein urplötzlich könnten nicht verwandelt sein!

Seht das Grabgewölb' der Kaiser, wo, von Mönchen treu bewacht,
Sie im Bett metallner Särge schlafen durch die ew'ge Nacht!
Seht dort in der Kutte sitzen das Geripp' mit weißem Bart!
In der letzten Wächterstunde schlief's wohl ein nach Wächterart!

Friede diesen dunklen Hallen! Traun kein schmähend, lieblos Wort
Trüb' als böser Hauch der Särge blanke Kupferspiegel dort!
Rosen blüh'n ins Fürstenleben ja so selten nur hinein,
Höchstens ihre Särge schmückend, und selbst da — aus Erz und Stein!

Jene mächt'gen Fundamente, deren Quadern rings zerſtückt,
Als Palaſt der Landesväter ragten einſt ſie reich geſchmückt;
Ach, es mag ſo Mancher meinen gut ſein Vateramt beſtellt,
Wenn er nur ein Volk von Männern, Kindern gleich, in Windeln hält!

Wie gekrümmt Gewürm und Eidechs durch den Schutt jetzt kriecht
und ſteigt,
Kroch einſt zwiſchen dieſen Steinen Schranzenbrut, ſchmiegſam
verneigt!
Krumme Rücken rings und Kratzfuß! Ei, was Wunder, wenn am End'
Selbſt die alten Mauern machten tief ihr furchtbar Kompliment!

Seht den Steinblock! Joſephs Namen trägt noch der geborſt'ne Schild;
Längſt von den granitnen Stufen fiel das ehrne Reiterbild,
Das gekrönt mit ew'gem Kranze glänzend einſt und glorreich ſtand,
Ein geliebter heil'ger Lare dieſer Stadt und dieſem Land!

Die gebaut dieß Mal der Ehren, dünken mir dem Sünder gleich,
Der am Kirchenaltar opfert ein Votivbild, ſchmuck und reich,
Wähnend, daß nun deſto freier luſtig ſünd'gen in den Tag
Und, was ſtets ſein Heil'ger haßte, ungeſtraft er treiben mag!

Ach, ſie haben arg geſündigt, dieſen Heil'gen ſchwer verletzt,
Aus den Trümmern ſeines Domes ihm ſolch ärmlich Mal geſetzt! —
Herr, verzeiht, wenn ich nur Trübes rings erblickte immerdar!
Wer das Auge hat voll Thränen, ach, der ſieht nicht immer klar! — —

Da erwacht' ich aus dem Traume, und von Trümmern ſah ich nichts,
Golden ſchien durch meine Fenſter heitrer Gruß des Morgenlichts,
Kirchen und Paläſte ragten hoch und feſt im jungen Tag! —
Ei, warum nur noch die Thräne mir nicht aus dem Auge mag?

An den Kaiser.

Vor den Thron des Hochgewalt'gen tritt nun frei und kühn mein Lied,
Vor den Herrscher, dem ein dreifach Kronenband die Stirn umzieht:
Jene alte goldne Krone, deren Glanz, bevor sie sein,
Durchgewallt von Haupt zu Haupte seiner Ahnen lange Reihn;

Jene schöne Silberkrone, deren schützend Zauberband
Um des Greises Haupt das Alter weiß und rein und heilig wand;
Und die dritte, schönste Krone, die ihm milde Güte flicht,
Segensreich wie Frühlingshimmel, hehr wie leuchtend Mondenlicht!

Scheu und fern den Königssälen keimt' und wuchs und blüht mein Lied,
Weil das Kind des freien Aethers bang des Zwanges Wohnung flieht;
Aber Kronen, so wie diese, bannen, schrecken es wohl nicht,
Nein, sie winken mild und freundlich, und so tritt's vor ihn und spricht:

„Herr, du warst einst bang und traurig, und gebrochen war dein Herz,
Da erschlossen unsre Herzen reich und warm sich deinem Schmerz!
Lasse jenes Hochgewitters gern dich mahnen immerdar,
Da es hell den Regenbogen unsrer Liebe dir gebar!

Herr, du standst beraubt des Schildes, waffenlos und unbewehrt,
Da erstand die Kraft des Volkes, Mann an Mann, und Schwert
an Schwert!
Rings um dich sahst du's im Kreise, wie ein Feld voll Garben steh'n,
Das der nächste Lenz erneute, wenn im Herbst du's ließest mäh'n!

Herr, du warst einst arm und dürftig! Sieh, da boten freudig dir
Väter ihrer Kinder Erbe, Jungfraun ihre goldne Zier;
Alles gab das Volk dir gerne, und behielt nur jenes Gold,
Drin sich seine Berge sonnen, das in seinen Herzen rollt.

Jetzt sind wir verarmt und dürftig, wehrlos und gebeugt von Schmerz!
O erschließe warm und freudig du dem Volke jetzt dein Herz!
Gib ihm Waffen, helle, scharfe: Offnes Wort in Schrift und Mund!
Gib ihm Gold, gediegnes, reines: Freiheit und Gesetz im Bund!

Deine Lande stehn voll Segen, reich und schön wohl ringsumher,
Frei und reich in goldnen Wogen rollt der Saaten weites Meer,
Sieh, wie stolz die Wälder rauschen, wie die Reben saftig glüh'n,
Voll Metall die Berge ragen, segelreich die Ströme zieh'n!

Und dein Volk, wie ganz dem Boden, nur an Freiheit, ach, nicht gleich!
Sieh die edlen Keim' und Blüthen, so gesund, so schön und reich!
Herr, sei du der Frühlingsodem, welcher frei sie wachsen heißt,
Sei die Sonne, die sie reifet, und darüber segnend kreist!

O dann wird das Volk auch blühen, wie die Fluren ringsumher,
Und sein Geist wird Aehren tragen, innren Marks und Kernes schwer,
Wie die Rebe wird er sprießen, die sich frei und fröhlich schlingt,
Und wohl auch als Hochwald grünen, der manch Blatt zum Kranz
dir bringt!

Herr, gib frei uns die Gefangnen: den Gedanken und das Wort! —
Sieh, es gleicht der Mensch dem Baume, schlicht und schmucklos
                              grünt er fort;
Doch wie schön, wenn der Gedanke dran als bunte Blüthe hängt,
Und hervor das Wort, das freie, reif als goldne Frucht sich drängt!

Und es gleicht der Mensch dem Strome, unbelebt und öde nur
Eine todte Wasserhaide dehnt er flach sich durch die Flur;
Doch wie herrlich, wenn darüber frei und fröhlich, her und hin,
Die Gedanken gleichwie Schifflein und wie Silberschwäne zieh'n! —

Herr, es strahlt vor deinen Augen eines Doms gewalt'ger Bau,
Dessen Thurm, ein frommer Riese, hoch durchragt des Himmels Blau!
Und dein Volk war's, das ihn baute! Welches mag die Deutung sein?
Ei, wir finden in den Himmel selber wohl den Weg hinein!

Deiner Kaiserstadt nicht ferne liegt ein Schlachtfeld, weit und groß,
Wo für dich, für Land und Freiheit deines Volkes Blut einst floß;
O beim Himmel, wessen Herzen für dich bluten du geseh'n,
Dessen Geist wird wahrlich nimmer gegen dich in Waffen steh'n!

Freies Blut düngt jene Fluren; Herr, wie mocht' es denn gescheh'n,
Daß sie nicht schon längst voll Rosen heil'ger Freiheit üppig steh'n?
Einem Meer gleicht jene Ebene; welch ein seltner Sternenlauf,
Daß das Morgenroth der Freiheit draus nicht längst schon stieg herauf?

O gib frei uns den Gedanken und auch seinen Freund: das Wort!
Denn es sind gar wackre Gärtner für die Rosenkeime dort;
Zu den Lorbeern und den Palmen, die dein greises Haupt umweh'n,
Müßten gut und schön die Rosen jugendlicher Freiheit steh'n!

Frei das Wort, frei der Gedanke! Wackre Schiffer sind es schier;
Will nicht aus dem Meer die Sonne, segeln sie entgegen ihr!
Bald dann flammt die Morgenröthe, und es klingt in ihrem Schein
Mehr als e i n e Memnonssäule hell durchs Land, und voll und rein!" —

Also spricht das Lied, das freie. Vater Franz, du zürnest nicht,
Daß dir's nahte ungemeldet, ungefragt es zu dir spricht;
Sieh, es ist die Frühlingsschwalbe, die an deine Fenster pickt,
Und auch ungefragt dich mahnet, wie die Freiheit hoch beglückt!

Epilog.

(März 1835.)

Frühlingsluft weht allbelebend!
Frühlingsschwalb' ist heimgereist,
Hat, ob Wiens Palästen schwebend,
Schon die Kaiserburg umkreist;

Pickt die Spiegelscheibe leise,
Da sie einmal schon gepickt,
Draus der Kaiser sonst, der greise,
Auf sein Volk und sie geblickt.

Doch sie sieht dieß Antlitz nimmer
Mit des Munds schalkhaftem Scherz,
Mit des Augs gutmüth'gem Schimmer, —
Oft doch hart und kalt wie Erz.

Stumm des Jubels Hochgewitter,
Dieses Mannes stät Geleit!
Stumm doch hinter manchem Gitter
Auch das Murren böser Zeit!

Frühlingsschwalbe sei kein Richter,
Urthel nicht ihr Frühlingsgruß;
Doch sie ist Prophet und Dichter,
Der versöhnen, warnen muß.

Zu des Grabgewölbes Hallen,
Das des Greises Asche barg,
Läßt sie ihre Schwingen wallen,
Zu dem ehrnen Kaisersarg.

Frühlingsgruß will sie ihm bringen;
Doch, gestreift vom Flügelschlag,
Tönt von einem Lenz sein Klingen,
Den sie selbst nur ahnen mag.

Nicht der Schlaf des Kaisersprossen,
Höh'res heiligt diesen Raum:
In dem Katafalk verschlossen
Ruht der deutschen Einheit Traum.

Denn in dieses Greises Haaren
Lag zuletzt der Reif von Gold,
Der die deutschen Fürstenschaaren
In Ein Volk verbrüdern sollt'.

Und in diesem ehrnen Bette
Schläft der Mann, deß Herz allein
Deutschlands Herz war, oder hätte
Deutschlands Herz doch sollen sein.

O daß bei den Leichenkerzen
Fürsten all im deutschen Land
Ueber diesem heil'gen Herzen
Sich zum Bund gereicht die Hand!

Laßt in diesem Sarg verschlossen
Deutscher Einheit alten Traum;
Wahrer Einheit, ihr Genossen,
Breitet sich ein größrer Raum!

Denn als Herold mit dem Stabe,
Der das Wappenschild zerbrach,
An des letzten Kaisers Grabe
Ein Jahrtausend stand und sprach:

„Lernt, daß euer Heil geschmiedet
An ein einzeln Haupt nicht sei!
Daß ihr Schein vom Wesen schiedet,
Brach ich das Symbol entzwei.

Um des Reichs Kleinode lodre
Nimmer Aachens, Nürnbergs Zank:
Stol' und Gurt im Schreine modre,
Karols Degen rost' im Schrank.

Denn ein schönres Schwert gezogen
Hat der freien Männer Hand;
Aller Schultern soll umwogen
Deutscher Herrlichkeit Gewand.

Euer Hoffen, euer Sehnen
Hat kein Einzler ganz vollbracht;
Drum euch All will ich belehnen
Mit des Reiches Glanz und Macht.

Denn in allen deutschen Adern
Flammt der Purpur, der nie bleicht;
Eure Herzen sei'n die Quadern
Jenes Baus, deß Grund nicht weicht.

Und ihr Alle seid berufen
Mitzubau'n am großen Bau,
Ihr am Thron, ihr an den Stufen,
Ob das Röcklein weiß, ob blau.

Und ihr Priester, Redner, Lehrer,
Streut die Saat mit kluger Hand,
Pflanzt, des Reiches wahre Mehrer,
Lieb' und Recht fürs deutsche Land!

Daß die Größen eurer Helden
Nie auf deutschen Nacken steh'n,
Daß von deutscher Schmach nie melden
Eure deutschen Siegstrophä'n.

Daß nicht Krämerellen messen,
Was ein großes Herz nur mißt;
Und nicht Fürsten leicht vergessen,
Was ihr Bürger schwer vergißt;

Nicht den Wandrer Pfahl und Schranke,
Wie so klein die Ländchen, mahnt,
Daß sein einiger Gedanke:
Wie so groß das deutsche Land.

Daß wo euch der Glauben schiede,
Euch vereine Deutschlands Schild;
So verschmilzt ein Liebesfriede
Blond und Schwarz, und Streng und Mild.

Daß der Baum der freien Rede
Frucht im Nord und Süden bringt;
Rheingott nicht bedroht mit Fehde,
Was die Donaunymphe singt.

Bund und Eintracht erst vereine
Eure tausend Schulzen sein,
Dann ein Leichtes wird's, ich meine,
Mit den dreißig Fürsten sein." —

Doch zur Gruft hinab selbst dringen
Frühlingsstimmen, Frühlingsduft;
Wundervolle Lieder klingen
Grüßend, hoffend durch die Luft.

Doch auch niegehörte Töne
Jauchzt ein kühn'res Sanggeschlecht;
Das ist eben Frühlings Schöne!
Freiheit ist des Lenzes Recht.

Schwalbe sagt Lebwohl dem Todten,
Schwingt sich in das Blau hinein;
Wo es lenzt, wird sie entboten,
Mit dem Frühling muß sie sein.

Inhalt.

	Seite
Einem jungen Freunde	VII
An Ludwig Uhland	3
Spaziergänge	7
Frühlingsgedanken	9
Salonscene	12
Priester und Pfaffen	14
Die Dicken und die Dünnen	16
Mauthcordon	18
Dem Censor	20
„Naderer da!"	22
Auf dem Schlachtfelde von Aspern	26
Nachtgedanken	28
Wohin!	30
Warum?	33
Sieg der Freiheit	35
Antworten	38
Hymne an Oesterreich	40
Sanct Stephans Eid	43
Kaiser Rudolph der Zweite	46
Die ledernen Hosen	49

	Seite
Maria Theresia.	52
Sein Bild	54
Gastrecht	56
Alte Geschichten!	58
Zur Cholerazeit	62
Einem auswandernden Freunde	65
Renegatenspiegel	70
Unsere Zeit	73
Die Ruinen	75
An den Kaiser	79
Epilog	83